Dipendenza dal gioco d'azzardo:
Una guida per smettere di giocare d'azzardo, per capire bene cosa c'è dietro la tua dipendenza e imparare come risolverla per sempre

Di: Rick Conall

CAPITOLO 1: Introduzione al gioco d'azzardo

Il gioco d'azzardo è stato definito in molti modi. Le definizioni che troviamo nei dizionari e in altri articoli accademici variano nella selezione delle parole. Tuttavia, contestualmente, convergono su un singolo fatto più critico, cioè, il gioco d'azzardo implica scommettere o puntare o rischiare o mettere a repentaglio o mettere in pericolo qualcosa di valore in previsione del futuro risultato monetario (o qualsiasi altro tangibile) condizionato da mero caso o incidente. In breve, il gioco d'azzardo può essere meglio descritto come mettere in pericolo le tue cose preziose nella speranza di benefici futuri incerti. Questo processo può essere preceduto da calcoli o prendendo l'iniziativa dai risultati passati, ma non conferiscono autenticità al processo e al suo risultato. Pertanto, la pervasività odiosa e pericolosa del gioco d'azzardo nel mondo di oggi è diventata irrazionale e discutibile sia dal punto di vista dei giocatori che delle persone che sostengono e patrocinano questa attività.

I risultati dei giochi d'azzardo possono essere decisi solo per caso, tramite l'attività casuale di un paio di dadi o una pallina lanciati su una ruota della roulette, o attraverso l'abilità fisica, la preparazione o l'abilità nelle competizioni atletiche, o una combinazione di strategia e fortuna. Le regole che governano i giochi d'azzardo spesso travisano la relazione tra le componenti del gioco, che dipende dall'abilità e dal caso, in modo che alcuni giocatori possano manipolare il gioco per servire i propri interessi. La conoscenza del gioco è, quindi, utile per giocare a poker o scommettere sulle corse dei cavalli, ma è di scarsa utilità per acquistare biglietti della lotteria o giocare alle slot machine. Un giocatore può partecipare al gioco stesso mentre scommette sul suo risultato (giochi di carte, dadi), oppure gli può essere impedito di partecipare attivamente a un'attività in cui ha interessi personali (sport professionistici, lotteria). Senza l'attività di scommessa associata, alcuni giochi sono noiosi o quasi privi di significato e vengono giocati raramente a meno che non si effettuino scommesse (lancio di monete, poker, giochi di dadi, lotterie). In altri sport, il gioco d'azzardo non fa necessariamente parte del gioco e la correlazione è meramente tradizionale e non necessaria per lo svolgimento della partita stessa (corse di cavalli, biliardo). I casinò e gli ippodromi, che sono strutture commerciali, possono organizzare il gioco d'azzardo quando è facile acquisire una parte del denaro scommesso dagli avventori partecipando come festa preferita al gioco, affittando uno spazio o ritirando una parte del pool di scommesse. Alcune attività su larga scala (corse di cavalli, lotterie) di solito richiedono che le organizzazioni imprenditoriali e professionali le presentino e le mantengano in modo efficace.

Una stima approssimativa dell'importo approssimativo di denaro legittimamente scommesso nel mondo ogni anno è di circa $ 10 trilioni (il gioco d'azzardo illegale può persino superare quella cifra). Le lotterie sono la principale forma di gioco d'azzardo al mondo in termini di fatturato totale. Le lotterie con licenza statale o gestite dallo stato si sono espanse rapidamente durante la fine del XX secolo in Europa e negli Stati Uniti e sono ampiamente distribuite in tutto il mondo. I pool di calcio organizzati possono essere trovati in quasi tutti i paesi europei, la maggior parte dei paesi in Sud America, Australia e alcuni paesi in Africa e Asia. La maggior parte di questi paesi offre anche scommesse su altri eventi sportivi, organizzati dallo stato o con licenza statale.

Nei paesi di lingua inglese e in Francia, le scommesse sulle corse dei cavalli sono una delle principali forme di gioco d'azzardo. Esiste anche in molti altri paesi. Ovunque l'ippica sia famosa, in genere è diventata un'attività importante con i suoi giornali e altre pubblicazioni, servizi statistici completi, esperti sedicenti che offrono consigli sulle scommesse e sofisticate reti di comunicazione che forniscono informazioni a centri di scommesse, bookmaker e ai loro dipendenti e dipendenti coinvolto nella cura e nell'allevamento del cavallo. Lo stesso vale per le corse dei cani, anche se in misura minore. L'avvento della tecnologia di trasmissione satellitare ha portato allo sviluppo delle cosiddette strutture di scommesse fuori pista in cui gli scommettitori guardano le trasmissioni televisive in diretta in luoghi lontani dalla pista.

Almeno dal XVII secolo esistono casinò o case da gioco. Il gioco d'azzardo è diventato onnipresente nel XX secolo e ha assunto un aspetto quasi standardizzato in tutto il mondo. Il gioco d'azzardo è consentito in molte o nella maggior parte delle località di villeggiatura in Europa e Sud America, ma non sempre nelle città. Per molti anni, i casinò negli Stati Uniti sono stati legali solo in Nevada e New Jersey e, su licenza esclusiva, a Porto Rico. Tuttavia, la maggior parte degli altri stati consente anche il gioco d'azzardo nei casinò e le strutture di scommesse operano clandestinamente in tutto il paese, spesso attraverso la corruzione delle autorità governative. La roulette è uno dei principali giochi d'azzardo nei casinò di Francia e Monaco ed è popolare in tutto il mondo. Nella maggior parte dei casinò americani, i dadi sono il gioco di dadi in primo piano. Le slot machine e i video poker sono il fulcro dei casinò negli Stati Uniti e in Europa e si trovano anche in migliaia di club privati, ristoranti e altre iniziative; sono anche banali in Australia. Tra i giochi di carte da casinò, il Baccarat, nella sua forma convenzionale chemin de fer, è rimasto uno dei principali giochi d'azzardo in Gran Bretagna e il casinò continentale più frequentato a Deauville, Biarritz e nelle località della Riviera. Faro, una volta il più grande gioco da casinò degli Stati Uniti, è diventato obsoleto. Il Blackjack è il gioco di carte principale dei casinò americani. A Monte-Carlo e in pochi altri casinò continentali, si gioca il gioco di carte francese trente et quarante (o rouge et noir). Molti altri giochi possono essere giocati in alcuni casinò: sic bo, fan-tan e pai-gow poker in Asia, per esempio, e giochi locali come A Boule, Banque Francesa e Kalooki in Europa.

Il poker è esploso in popolarità all'inizio del 21 ° secolo, principalmente attraverso l'alta visibilità dei tornei di poker televisivi e l'abbondanza di strutture di gioco su Internet. Un altro tipo di gioco d'azzardo su Internet sono i cosiddetti scambi di scommesse: siti Internet in cui i giocatori fanno scommesse tra loro, con il sito che prende una piccola parte di ogni scommessa in cambio dell'organizzazione e della gestione della transazione.

In senso lato, i mercati azionari possono anche essere considerati una forma di scommessa, anche se in cui gli scommettitori giocano un ruolo considerevole facendo uso della loro abilità e conoscenza. Questo vale anche per l'assicurazione; in effetti, pagare il premio sulla propria assicurazione sulla vita è una scommessa che si morirà entro un determinato periodo di tempo. Se uno vince (muore), i soldi dell'assicurazione vengono pagati alla propria famiglia. Se uno perde (sopravvive al tempo specificato), la compagnia di assicurazioni detiene la scommessa (premio), che svolge il ruolo di un bookmaker e stabilisce le possibilità (rapporti di pagamento) in base alle statistiche attuariali. Queste due forme di gioco d'azzardo, la prima che guadagna capitale di rischio e la seconda che distribuisce i rischi statistici, sono considerate vantaggiose per la società.

Gioco d'azzardo problematico e dipendenza dal gioco d'azzardo I problemi di gioco possono sorgere da qualsiasi parte della vita. Il tuo gioco d'azzardo va da una distrazione casuale e innocua a un'ossessione dannosa con gravi conseguenze. Che tu stia scommettendo su sport, gratta e vinci, roulette, poker o slot - in un casinò, in una pista o online - un problema di gioco d'azzardo può mettere a dura prova le tue relazioni, interferire con il lavoro e causare una catastrofe finanziaria. Potresti anche fare cose che non avresti mai pensato di fare, come accumulare enormi debiti o persino rubare soldi per giocare.

La dipendenza dal gioco d'azzardo è anche nota come gioco d'azzardo patologico, gioco d'azzardo compulsivo o disturbo del gioco d'azzardo. Quindi è un disturbo del controllo degli impulsi. Se sei un giocatore compulsivo, anche se ha conseguenze negative per te o per i tuoi cari, non puoi controllare l'impulso a giocare. Giocherai se sei su o giù, rotto o pulito, e continuerai a giocare indipendentemente dalle conseguenze, anche se sai che le probabilità sono contro di te o non puoi permetterti di perdere.

Questo libro cerca di scatenare i miti e i fatti che circondano il gioco d'azzardo mentre attraversa in dettaglio la sua esistenza storica e come si è evoluto nel corso degli anni per raggiungere la sua forma e tipologia attuali insieme al suo uso diffuso. Oltre a discutere i vari tipi di gioco d'azzardo, questo libro analizzerà anche i suoi sintomi, le cause, i suoi effetti sugli individui e la società e, infine, sui modi e sui mezzi per trattarlo con successo.

CAPITOLO 2: Il gioco d'azzardo e la sua storia

2.1 Che cos'è effettivamente il gioco d'azzardo?

Esploriamo prima le diverse definizioni di gioco d'azzardo e i significati che gli vengono attribuiti come attività da varie fonti autentiche di libri di parole.

Il Cambridge Dictionary ha questa definizione di gioco d'azzardo:

l'attività di prendere un rischio in denaro sul risultato di qualcosa, come ad esempio un gioco o di cavalli da corsa , sperando di fare soldi .

Collins descrive il gioco d'azzardo come:

L' atto di scommettere denaro , ad esempio , nei giochi di carte o nelle corse di cavalli .

Il dizionario di Oxford fornisce una definizione precisa del gioco d'azzardo nel modo seguente:

L' attività di giochi d'azzardo per soldi e di scommesse sui cavalli, ecc.

Wordnet di Princeton tratta il gioco d'azzardo come un sostantivo e lo descrive come:

L' attività di giocare per il supporto nella speranza di vincere (che include la possibilità di vincere un premio o il pagamento di un prezzo)

Infine, una descrizione più concreta e pertinente del gioco d'azzardo è presentata da Business Dictionary. Dice esplicitamente:

Il gioco d'azzardo è una forma speciale di scommessa, che deve comportare un guadagno o una perdita. Il gioco d'azzardo non è un'assunzione di rischio nel contesto della speculazione (assunzione di un rischio significativo a breve termine) o un investimento (acquisizione di proprietà o attività per ottenere guadagni in conto capitale a lungo termine). Si differenzia anche dalle politiche che possono ridurre o eliminare il rischio di perdita, ma non fornisce una legittima possibilità di beneficio. L'uso schiacciante di parole come rischio, caso e incertezza dimostra chiaramente la natura imprevedibile del gioco d'azzardo riguardo al suo risultato e quindi allude agli effetti dannosi e dannosi che può avere su individui, famiglie, relazioni e società in generale.

C'è stato un rapido aumento dell'accessibilità del gioco d'azzardo legalizzato negli Stati Uniti e in altre parti del mondo negli ultimi decenni, e in particolare negli ultimi 10-15 anni. Le associazioni tra i modelli di gioco e lo stato di salute sono state ampiamente studiate da alcuni studi scientifici. I dati esistenti supportano l'idea che alcuni comportamenti di gioco, in particolare il gioco d'azzardo problematico e il gioco d'azzardo patologico, siano correlati a problemi di salute non legati al gioco d'azzardo. Il gioco d'azzardo è una pratica illegale molto comune che può essere considerata un comportamento non correlato alla droga con un potenziale di dipendenza. In un contesto medico generale, l'importanza relativa di valutare le abitudini di gioco dei pazienti dipende in parte dai rischi e dai benefici per la salute associati.

Esistono diversi tipi di dipendenza dal gioco?

Il gioco d'azzardo mostra una varietà di comportamenti, quindi ci sono molti diversi tipi di dipendenza dal gioco. Quando qualcuno è dipendente dal gioco d'azzardo, decifrare o accertare la dipendenza non è facile. L'atto del gioco d'azzardo non è limitato alle slot machine, alle carte e ai casinò, contrariamente alla credenza popolare. Sono disponibili altre forme di gioco d'azzardo, come l'acquisto di un biglietto della lotteria, la partecipazione a una lotteria o la scommessa con un amico. La dipendenza dal gioco può sorgere quando una persona si sente finanziariamente rovinata e crede di poter risolvere i propri problemi solo rischiando quel poco che ha nel tentativo di ottenere una grossa somma di denaro. Purtroppo, questo porta quasi sempre a un ciclo in cui il giocatore pensa di dover recuperare le sue perdite e il ciclo continua fino a quando la persona non è costretta a cercare la riabilitazione per rompere la sua abitudine.

Un altro tipo di dipendenza dal gioco d'azzardo si traduce in un giocatore che gioca e fa scommesse estremamente rischiose solo per sperimentare l'ebbrezza emotiva associata all'assunzione di enormi rischi che a volte ripagano. La persona affetta da questa dipendenza deve essere disposta a interrompere il

comportamento in entrambe le situazioni, non solo per placare
la famiglia e gli amici.

Gioco d'azzardo problematico e gioco d'azzardo patologico

Il gioco d'azzardo può anche essere definito come mettere a
rischio qualcosa di valore nella speranza di ottenere qualcosa di
valore maggiore. Le scommesse nei casinò e nelle lotterie, le
corse di cani e cavalli, i giochi di carte e gli eventi sportivi sono
modi comuni di gioco d'azzardo. Il gioco d'azzardo è un'attività
estremamente diffusa, con l'86% della popolazione adulta
generale che approva il coinvolgimento per tutta la vita nelle
forme tradizionali di gioco d' azzardo e il 52% degli adulti che
dichiara di essere coinvolto attivamente nel gioco d'azzardo
della lotteria dello scorso anno.

I problemi con il gioco d'azzardo possono capitare a chiunque di
qualsiasi estrazione sociale. Il tuo gioco d'azzardo va da un
divertente, innocuo diversivo a un'estrema, malsana
ossessione. Che tu stia scommettendo su sport, gratta e vinci,
roulette, poker o slot - in un casinò, in pista o online - un
problema di gioco d'azzardo può mettere a dura prova le
tue relazioni, interferire con il lavoro e causare una catastrofe
finanziaria. Potresti anche fare cose che non avresti mai pensato
di fare, come accumulare enormi debiti o persino rubare soldi
per giocare.

La dipendenza dal gioco è un disturbo del controllo degli impulsi
ed è anche noto come gioco d'azzardo patologico, gioco

d'azzardo compulsivo o disturbo del gioco d'azzardo. Se sei un giocatore compulsivo, anche se ha conseguenze negative per te o per i tuoi cari, non puoi controllare la tentazione di giocare. Giocherai se sei su o giù, rotto o pulito, e continuerai a giocare indipendentemente dalle conseguenze, anche se sai che le probabilità sono contro di te o non puoi permetterti di perdere.

Naturalmente, senza essere totalmente fuori controllo, puoi anche avere un problema con il gioco d'azzardo. Qualsiasi attività di gioco d'azzardo che sconvolge la tua vita è un problema di gioco. Potresti soffrire di un problema con il gioco d'azzardo se sei ossessionato dal gioco d'azzardo, sprecando una parte importante del tuo tempo e denaro, inseguendo perdite o giocando d'azzardo nonostante le gravi conseguenze nella tua vita.

La dipendenza o il problema con il gioco d'azzardo è spesso associato ad altri disturbi del comportamento o dell'umore. Molti giocatori problematici possono anche soffrire di problemi di abuso di sostanze, ADHD non gestito, stress, depressione, ansia o disturbo bipolare. Dovrai anche affrontare queste e altre cause sottostanti per risolvere i tuoi problemi di gioco.

Mentre la maggior parte delle persone gioca d'azzardo, i criteri per un disturbo del gioco d'azzardo sono soddisfatti da una minoranza. Il gioco d'azzardo patologico è il modello più estremo di attività di gioco d'azzardo patologico o dannoso. È l'unica condizione di gioco d'azzardo per la quale esistono criteri diagnostici specifici nell'attuale manuale di diagnosi e statistica dell'American Psychiatric Association (DSM-IV-TR).

Gioco d'azzardo patologico: una dipendenza o una costrizione?

Due concettualizzazioni patologiche del gioco d'azzardo comuni e non mutuamente esclusive identificano la condizione come un disturbo del controllo degli impulsi situato lungo uno spettro ossessivo-compulsivo o come dipendenza da droghe. Sebbene siano disponibili dati a supporto di ciascuna categorizzazione, ampi studi probandi del disturbo ossessivo-compulsivo non hanno tipicamente riportato tassi aumentati di gioco d'azzardo patologico, né sono stati identificati alti tassi di disturbo ossessivo-compulsivo in campioni del problema o giocatori d'azzardo patologici. Lo studio di St. Louis Epidemiologic Catchment Area (ECA), ad esempio, ha rilevato una probabilità di 0,6 nei giocatori problematici o patologici, rispetto ai non giocatori, per il disturbo ossessivo-compulsivo. I tratti compulsivi, tuttavia, sono stati a lungo definiti come una componente fondamentale della dipendenza. Sono in corso studi sulle neurobiologie sottostanti per stabilire più accuratamente la correlazione tra dipendenza "comportamentale" come il gioco d'azzardo patologico e la dipendenza da droghe.

Gioco d'azzardo: tassi di prevalenza

I tassi di prevalenza dell'attività di gioco d'azzardo e del gioco d'azzardo problematico e patologico sono aumentati come risultato dell'aumento dello status legalizzato delle opportunità di gioco. Una meta-analisi degli studi sulla prevalenza condotti negli ultimi decenni ha rilevato tassi di prevalenza dell'1,1% e dell'1,6% negli adulti, rispettivamente, per il gioco d'azzardo patologico e del 2,8% e del 3,8% per il gioco d'azzardo problematico, rispettivamente. Per le strutture di assistenza primaria, sono stati registrati tassi simili o leggermente più alti (6,2% per uno studio) e tassi costantemente più alti sono stati trovati in altre popolazioni specifiche, inclusi adolescenti, persone in strutture correzionali e persone con problemi di salute mentale.

2.2 Una breve storia del gioco d'azzardo

Il gioco d'azzardo si svolge, in una forma o nell'altra, da centinaia se non migliaia di anni. Dall'antica Cina, dove furono scoperte tracce di giochi d'azzardo primitivi su piastrelle, all'Egitto, dove i più antichi dadi conosciuti stavano scavando a scene su ceramiche greche e romane che mostravano che scommettere su combattimenti di animali era normale e gli animali sarebbero stati allevati per quel solo scopo, gli esseri umani amo giocare e farlo in ogni occasione.

Circa nel 200 aC, nelle case da gioco cinesi si giocava il "biglietto del piccione bianco" con l'approvazione del governatore locale, che avrebbe guadagnato una percentuale dei profitti, e le vincite erano spesso utilizzate per finanziare lavori statali; sia Harvard che Yale furono entrambe inizialmente finanziate con i soldi della lotteria che continuano a utilizzare oggi.

Si ritiene che fosse nel IX secolo in Cina che le carte da gioco apparvero per la prima volta, sebbene i giochi giocati siano sconosciuti e le carte abbiano poca somiglianza con quelle usate oggi. Le carte erano spesso adornate con forme umane, ma i re e le regine con cui abbiamo più familiarità iniziarono ad apparire mentre i giochi si diffondevano in tutta Europa.

La storia completa del gioco d'azzardo

La storia umana è inestricabilmente legata al gioco d'azzardo, poiché non importa per quanto tempo viaggi, ci sono indicazioni che il gioco d'azzardo è probabilmente in corso ovunque si riuniscano gruppi di persone. Ora non cercheremo di monitorare ogni singola svolta e accendere l'evoluzione del gioco d'azzardo. Tuttavia, selezioneremo alcune delle grandi date che fungeranno da punti di riferimento nel percorso verso l'avventura di gioco di oggi.

Le prime testimonianze di gioco d'azzardo riscontrate circa 4000 anni fa;

Sebbene sia quasi certo che alcuni tipi di scommesse siano stati seguiti molto attivamente dall'inizio della civiltà umana, le prime prove concrete provengono dall'antica Cina, dove sono state trovate tessere che sembravano essere state utilizzate per un rudimentale gioco d'azzardo. Il "Libro delle canzoni" cinese si riferisce al "disegno del legno", indicando che le tessere avrebbero dovuto effettivamente far parte di un gioco di tipo lotteria. Ci sono ampie prove sotto forma di tagliandi del keno che furono usati come una lotteria nel 200 AC circa per finanziare lavori statali, probabilmente inclusa la costruzione della Grande Muraglia cinese. Le lotterie hanno continuato nel corso della storia ad essere utilizzate per scopi pubblici - sia Harvard che Yale sono state fondate utilizzando i fondi della lotteria - e continuano a farlo fino ad oggi.

Il gioco dei dadi nella antica Roma- 500 AC

Il poeta greco Sofocle credeva che i dadi fossero stati inventati durante l'assedio di Troia da un eroe mitologico. Sebbene ciò possa avere un terreno alquanto discutibile, i suoi scritti intorno al 500 a.C. furono la prima menzione di dadi nella storia greca. Sappiamo che i dadi esistevano anche prima, poiché una coppia era stata portata alla luce da una tomba egizia del 3000 a.C., ma quello che è certo è che gli antichi greci e romani amavano giocare su ogni genere di cose, ovviamente in ogni occasione. Inoltre, all'interno dell'antica città di Roma, tutte le forme di gioco d'azzardo, compresi i giochi di dadi, erano vietate e una multa applicata a quelli catturati valeva quattro volte la scommessa. Di conseguenza, i romani intelligenti inventarono le prime fiches da gioco, in modo che potessero pretendere di giocare solo con fiches e non con soldi veri se fossero stati catturati dalle guardie. (Nota che se provi in un casinò di Las Vegas, questo stratagemma non funzionerà).

Giocare bene le carte in Cina-800 DC

Molti studiosi concordano sul fatto che nel IX secolo le prime carte da gioco siano apparse in Cina, sebbene le regole precise dei giochi per cui venivano utilizzate siano state perse nella storia. Molti dicono che i biglietti fossero sia il gioco che la posta in gioco, come i giochi di carte collezionabili dei bambini di oggi, mentre altre fonti affermano che i primi mazzi di carte erano tipi di carta domino cinese. Le carte usate in quel periodo avevano certamente poco a che fare con i tradizionali mazzi da 52 carte che conosciamo oggi.

Baccarat in Italia e Francia-1400

Il gioco più antico ancora giocato nei casinò oggi è il gioco di carte a due giocatori di Baccarat, una variante del quale fu menzionata per la prima volta quando si diffuse dall'Italia alla Francia già nel 1400. Ci sono voluti centinaia di anni e varie invenzioni per entrare nel gioco che conosciamo oggi, nonostante la sua prima genesi. Sebbene le varie incarnazioni del gioco siano andate e venute, la versione standard giocata nei casinò di tutto il mondo è arrivata da Cuba negli Stati Uniti attraverso la Gran Bretagna, con alcune modifiche alle regole lungo la strada. Sebbene il Baccarat sia più uno sport per spettatori che un gioco, a causa della sua popolarità tra i giocatori d'azzardo ad alto rendimento, è una caratteristica di quasi tutti i casinò.

Blackjack negli anni-.1600

Molti credono che il primo blackjack sia stato creato da un gioco spagnolo chiamato "ventuno" (21) poiché il gioco è stato pubblicato dallo scrittore di Don Chisciotte nel 1601. Gli inventori dei giochi di fortuna sono stati raramente documentati negli annali storici poiché erano con tutte queste origini storie. Il gioco spagnolo del 21 del XVII secolo è senza dubbio un chiaro progenitore del gioco moderno, e questo genere è entrato negli Stati Uniti con i primi coloni europei. Il termine "blackjack" era una novità negli Stati Uniti ed era collegato negli anni '30 a promozioni speciali nei casinò del Nevada. Le scommesse 10 a 1 venivano addebitate per attirare nuovi acquirenti nel gioco.

Primi casinò in Italia-1638

All'inizio del XVII secolo in Italia iniziarono ad emergere le prime case da gioco che potevano essere accuratamente associate ai casinò. Nel 1638, ad esempio, nel contesto del carnevale annuale, fu costruito a Venezia il Ridotto per garantire un'atmosfera di gioco sicura. Nel 19 ° secolo, i casinò iniziarono ad emergere nell'Europa continentale, mentre le case da gioco statunitensi erano molto richieste nello stesso periodo. Le barche umide che trasportano ricchi agricoltori e mercanti su e giù per il Mississippi sono state sede di molte attività informali come il gioco d'azzardo. Oggi, mentre parliamo del casinò, preferiamo vedere la Las Vegas Strip che è sorta dai resti della depressione americana.

La piccola ruota a Parigi-1796

Come già sappiamo, la roulette è stata sviluppata nelle case da gioco di Parigi dove i giocatori conoscevano (ironicamente) il dispositivo che ora chiamiamo la ruota della roulette americana. Ci sono voluti altri 50 anni per completare l'edizione "americana" e milioni di giocatori di roulette potrebbero esserne grati. La roulette divenne popolare nel 19 ° secolo e, quando il famoso casinò di Monte Carlo sviluppò il design a forma di zero singolo, si espanse in tutta Europa e in gran parte del mondo anche se gli americani rimasero sulle prime ruote a doppio zero

Poker: prime avvisaglie-1829

È difficile individuare le radici esatte del poker poiché il poker sembra essersi evoluto organicamente da diversi giochi di carte in molte di queste competizioni nel corso dei decenni e forse dei secoli. Alcuni hanno radici nel poker dalla Persia nel 17 ° secolo, mentre altri affermano che il gioco che conosciamo oggi è stato influenzato da un gioco francese chiamato Poque. Quello che sappiamo con certezza è che l'attore inglese di Joseph Crowell registrò uno stile di gioco familiare a New Orleans nel 1829, quindi è appena datato come la nascita del poker. L'aumento della domanda e della popolarità del gioco fu piuttosto lento fino a quando gli anni '70 videro il lancio dei tornei di poker mondiali. Inoltre, l'emergere del poker online e degli eventi televisivi che hanno permesso agli spettatori di vedere le mani dei giocatori è davvero esploso. Da quando si è qualificato e ha vinto il World Poker Championship 2003, l'amatore Chris Moneymaker ha incoraggiato tutti a immaginarsi come milionari del business del poker online.

Slot Machine a New York nel 1891

Il primissimo sistema di gioco d'azzardo che era paragonabile alle slot di cui sentiamo parlare oggi è stato quello che è stato costruito da Mr. Sittman e Mr. Pitt a New York. Charles Fey a San Francisco ha inventato la macchina Liberty Bell più o meno nello stesso periodo. Il sistema era molto più realistico in quanto le vincite potevano essere controllate in modo specifico e segnava l'inizio della vera rivolta delle slot machine. Ciò risaliva a questa prima innovazione che alcuni nuovi giochi di video slot avevano ancora segnali di campana. Mentre le prime macchine distribuivano sigarette e gomma piuttosto che valuta, i modelli di erogazione di contanti divennero rapidamente uno standard di bar e casinò in tutto il mondo e nel 1976 fu creata la prima video slot, aprendo la strada alle seguenti video slot online.

Gioco d'azzardo negli Stati Uniti: due lati della stessa moneta-1910

Gli Stati Uniti hanno sempre avuto rapporti alti e bassi riguardo al gioco d'azzardo sin dall'inizio del colonialismo occidentale. Quando i movimenti dei coloni puritani proibirono il gioco d'azzardo nei loro nuovi insediamenti, gli emigranti inglesi trovarono molto il gioco d'azzardo e furono più che lieti di accettarlo. La connessione dicotomica è rimasta invariata fino ad ora e la pressione dell'opinione pubblica nel 1910 ha contribuito a un divieto nazionale del gioco d'azzardo. Proprio come il divieto di alcol nello stesso momento, questo era un po 'difficile da implementare e il gioco era marginalmente discreto. La caduta di Wall Street e la Grande Depressione all'inizio degli anni '30 costrinsero il gioco d'azzardo a essere consentito, poiché per molti era stata l'unica speranza di alleviare la loro estrema povertà. Mentre in molti paesi più popolari a Las Vegas, Nevada, il gioco d'azzardo online è legale oggi, tuttavia, è ancora un'area grigia negli Stati Uniti Per ora, diversi casinò Internet stranieri non accolgono i clienti americani, ma questo migliorerà nel prossimo futuro.

The New Frontier for Gambling-1994

Microgaming è tra i maggiori creatori al mondo di casinò e macchine da poker, ed è anche uno sviluppatore di giochi d'azzardo web. Il salto nel mondo dei casinò reali è stato creato nel 1994, qualcosa come 2300bc su Internet. In 5 anni, il gioco d'azzardo online ammonta a oltre $ 1 miliardo e l'industria di oggi è in crescita e multimiliardaria con oltre 1000 casinò online.

Nel 1996 è stata istituita la Kahnawake Gaming Commission, che controllava le operazioni di gioco online e concedeva licenze di gioco a molti dei casinò online e delle sale da poker del mondo nel territorio Mohawk di Kahnawake. Questo è un tentativo di mantenere eque e trasparenti le attività delle società di gioco d'azzardo online registrate.

Immediatamente dopo, fu approvato l'Internet Gambling Prohibition Act del 1999, che indicava che nessun servizio di gioco d'azzardo online poteva essere offerto a nessun cittadino statunitense. Non era stato applicato. Anche il gioco online per più giocatori è stato lanciato nel 1999.

Playtech è arrivata nel 2003 ai primi casinò con croupier dal vivo e ci ha avvicinato a una fusione tra i casinò reali e il mondo virtuale.

Il gioco d'azzardo è diventato mobile-2019

Una nuova generazione di giocatori ha portato progressi tecnologici. L'evidenza mostra che gli utenti Web hanno meno probabilità di utilizzare i desktop e sono più propensi a utilizzare dispositivi palmari. Lo stesso vale per coloro che amano il gioco d'azzardo online e si divertono a giocare in movimento. I più grandi siti web di gioco d'azzardo hanno riconosciuto la tendenza in uso e il gioco d'azzardo su smartphone ora offre molte più opzioni.

I dispositivi mobili sono preferiti per essere utili per i partecipanti; i giocatori hanno accesso immediato alle opportunità di scommessa e al gioco d'azzardo e sulle stesse piattaforme mobili degli operatori capiscono che il social networking è coinvolto l'uno con l'altro.

C'è un rapido aumento di persone interessate da quando il New Jersey ha permesso il gioco d'azzardo online nel 2011. L'America ha visto una spinta a legalizzarlo da parte dello stato e il rapido aumento del gioco d'azzardo mobile

Il futuro

È tanto difficile prevedere il potenziale del gioco d'azzardo, quanto scoprire alcune delle radici dei giochi d'azzardo di oggi. Tuttavia, al momento, viene prestata molta attenzione all'industria del gioco mobile, dove i casinò online lottano per rendere i giochi più conformi ai recenti dispositivi portatili. Lo sviluppo della realtà virtuale sta solo muovendo i primi passi come impresa commerciale e puoi essere certo che le applicazioni di gioco avranno luogo. Ti piacerebbe sederti con un gruppo di amici da tutto il mondo a un tavolo da poker virtuale, condividere un po' di divertimento, provare a dire se vedrai un segno di spunta facciale da casa? Rivoluzione. V. R. Cuffie farà accadere forse non ora, ma sicuramente in alcuni anni ' di tempo se la tecnologia continua ad avanzare così rapidamente.

Gioco d'azzardo sulla Blockchain

La tecnologia blockchain e la criptovaluta stanno trasformando l'industria del gioco d'azzardo in aspetti che non avevamo ancora sognato alcuni anni fa. Sta diventando un luogo comune per i casinò utilizzare la criptovaluta per i giochi e può essere utilizzata come sistema di pagamento principale o come alternativa ai sistemi di pagamento basati su fiat. La Blockchain fornisce trasparenza, riduce i margini della casa e riduce i costi di transazione. La Blockchain consente agli utenti di giocare liberamente e quasi automaticamente tassi di prelievo e deposito, quindi non è necessario consegnare la documentazione o addirittura creare un account.

La tecnologia Blockchain ha la stessa capacità di giocare, consentendo a tutti di essere un giocatore di casinò. Sebbene alcuni casinò Bitcoin consentano agli utenti di finanziare casinò e guadagnare dalla quota familiare, sono stati portati alla fase successiva attraverso piattaforme crittografiche come Ethereum, dove le imprese hanno creato un sistema in cui i possessori di token si sono separati automaticamente dal reddito prodotto dalla Blockchain. Alcuni creano tecnologie di gioco basate su blockchain che consentono agli operatori di casinò con un vantaggio della casa zero, commissioni di transazione quasi nulle e numeri casuali uguali di sviluppare e implementare applicazioni di gioco.

È probabile che si possa diventare più avanzati in questo campo, con i team di sviluppatori che introducono nuove possibilità di gioco utilizzando la tecnologia blockchain.

Edgefund è una nozione del genere; Edgefund creerebbe un bankroll comune che consentirà ai giocatori approvati di creare giochi che forniscono pagamenti molto significativi sul sito Edgefund. I promotori di giochi possono offrire giochi a quota fissa per se stessi a zero rischi finanziari, vale a dire un reddito assicurato per ogni scommessa che piazzano. Per fare ciò, Edgefund deve acquistare la possibilità dagli sviluppatori del gioco alla più bassa spesa matematicamente confermata di coprire il bankroll centrale dell'Edge Fund. Ciò significa che un contratto intelligente rivale non può sconfiggere Edge Fund e che gli operatori di gioco non possono rovinarsi.

E poi? Va bene, nessuno lo sa, ma tutto è possibile quando si tratta di gioco d'azzardo.

Possibilità, probabilità e probabilità nel gioco d'azzardo

Gli eventi o gli eventi che è piuttosto probabile che si verifichino in ogni caso hanno pari opportunità. Ogni istanza è completamente indipendente nei giochi di pura fortuna; vale a dire, ogni gioco ha la stessa probabilità di ottenere un determinato risultato come ogni altra. Infatti, le ipotesi di probabilità si riferiscono a una serie di eventi e occasioni a lungo termine ma non a singoli. La legge dei numeri più alti è un'espressione del fatto che all'aumentare del numero di eventi, i rapporti attesi dalle dichiarazioni di probabilità diventano sempre più corretti, ma il numero assoluto di risultati di una forma particolare si discosta dalle aspettative con frequenza crescente come il numero di ripetizioni aumenta. Sono le percentuali che sono attendibili correttamente, non i singoli eventi o le cifre esatte.

Tra tutte le possibilità, può essere espressa la probabilità di un esito favorevole: la probabilità (p) è uguale al numero totale di esiti favorevoli (f) diviso per il numero totale di possibilità (t) o p = f / t. Ma questo vale solo in casi di fortuna. Ad esempio, in una partita di lancio di due dadi, il numero finale del risultato atteso è 36 (ciascuno dei sei lati di un dado accoppiato a ciascuno dei sei lati dell'altro) e il numero di modi per creare, diciamo, sette è sei (fatto lanciando 01 e 06, 02 e 05, 03 e 04, 04 e 03, 05 e 02 o 06 e 01); quindi, la probabilità di lanciare un sette è 6/36 o 1/6. È comune rappresentare il concetto di possibilità in termini di probabilità di vincere nella maggior parte dei giochi d'azzardo. Questo è in realtà il rapporto tra le possibilità desiderabili e quelle sfavorevoli. Poiché la possibilità di lanciare un sette è 1/6, in media, uno su sei sarebbe vantaggioso e cinque no; quindi, le possibilità di tirare un sette sono 5 a 1. La possibilità di ottenere testa nel lancio di una moneta è 1/2; le possibilità sono uno a uno, a volte chiamato. Bisogna fare attenzione a comprendere mediamente l'espressione, che più correttamente si riferisce a un maggior numero di casi e non è utile nei singoli casi. Un errore comune dei giocatori d'azzardo chiamato teoria della maturità delle possibilità (o errore di Monte-Carlo), presume erroneamente che ogni gioco in un gioco d'azzardo dipenda dagli altri e che una sequenza di risultati di un tipo debba essere bilanciata dall'altra possibilità a breve termine. I giocatori d'azzardo hanno sviluppato una serie di sistemi in gran parte sulla base di questo errore; Gli operatori di casinò sono lieti di promuovere l'uso di tali sistemi e di sfruttare la mancanza delle rigide regole del caso e del gioco indipendente da parte di qualsiasi giocatore. Tuttavia, un esempio interessante di un gioco in cui ogni gioco si basa su giochi precedenti è il blackjack, in cui le carte già utilizzate per la distribuzione dalla scarpa influenzano la composizione delle carte rimanenti; per esempio, se tutti gli assi (valore 1 o 11 punti) sono stati distribuiti, un "reale" (un 21 con due carte) non può più essere realizzato. Questa ipotesi costituisce la base per alcuni schemi in cui il vantaggio della casa può essere superato.

In alcuni giochi, il banco, il banchiere (la persona che raccoglie e ridistribuisce le puntate) o qualche altro giocatore può avere un vantaggio. Non tutti i giocatori, quindi, hanno uguali possibilità di vincita o uguali vincite. Questa disuguaglianza può essere corretta alternando i giocatori nelle posizioni di gioco. Tuttavia, gli operatori di gioco d'azzardo commerciale in genere realizzano i loro profitti mantenendo costantemente un ruolo avvantaggiato come mazziere, oppure addebitano denaro per l'opportunità di giocare o detraggono una parte delle scommesse su ogni gioco. Nel gioco dei dadi di craps, uno dei grandi giochi da casinò che fornisce le quote più favorevoli al giocatore, il casinò ritorna ai vincitori da 3/5 dell'1% al 27% in meno rispetto alle quote uguali, a seconda del tipo di scommessa effettuata . A seconda della scommessa, il vantaggio della casa ("vigoroso") per la roulette nei casinò americani varia dal 5,26 al 7,89% circa e varia dall'1,35 al 2,7% nei casinò europei. Alla lunga, la casa deve sempre prevalere. Alcuni casinò aggiungono anche regole che migliorano i loro guadagni, in particolare regole che limitano le somme che possono essere giocate in determinate circostanze.

La maggior parte dei giochi d'azzardo contiene, oltre al caso, elementi di abilità fisica o strategia. Come la maggior parte degli altri giochi di carte, il gioco del poker è un misto di fortuna e strategia che coinvolge anche una grande quantità di psicologia. Fare una scommessa su corse di cavalli o gare atletiche implica la valutazione della capacità fisica di un concorrente e l'utilizzo di altre abilità di valutazione. Per quei giocatori che sono sponsorizzati da pochissimi dealer e piccoli se i giocatori sono assistiti da un numero relativamente elevato di scommettitori, al fine di garantire che la possibilità giochi un ruolo importante per decidere i risultati di tali attività, pesi, disabilità o altre misure correttive può essere implementato in determinate situazioni per dare ai giocatori approssimativamente pari opportunità di vittoria e dovrebbero essere apportate modifiche ai payoff in modo che la probabilità di successo e la gravità dei payoff siano messe in proporzione opposta a ciascuna, ad esempio, pari-mutuel i pool nelle scommesse ippiche riflettono le possibilità di vincita dei diversi cavalli come previsto dai giocatori. , maggiore è l'opzione, minore sarà la vincita individuale. Lo stesso vale per le scommesse su eventi sportivi con bookmaker (illegali nella maggior parte degli Stati Uniti ma legali in Inghilterra). I bookmaker in genere accettano scommesse sul risultato di quella che viene percepita come una partita disuguale, consentendo alla squadra di avere maggiori probabilità di vincere per segnare più della semplice maggioranza dei punti; questa pratica è nota come impostare un "point spread". Ad esempio, in una partita di football americano o canadese, la squadra più rispettata dovrebbe vincere, diciamo, con più di 10 punti. Darlo sta sostenendo un pagamento uniforme.

Purtroppo, nella maggior parte dei giochi d'azzardo, è possibile interferire con tali processi per preservare il potere del caso; barare è possibile e relativamente semplice. Gran parte dello stress associato al gioco d'azzardo è stato causato dalla disonestà di alcuni dei suoi promotori e dei giocatori, e gran parte dell'attuale legge sul gioco d'azzardo è stata scritta per la regolamentazione degli imbrogli. Tuttavia, più regolamenti sono stati adattati ai tentativi dei governi di estrarre entrate fiscali dal gioco d'azzardo che per prevenire gli imbrogli.

2.3 Tipi di gioco d'azzardo

I giochi d'azzardo possono essere classificati in due gruppi, giochi che dipendono dal caso e giochi basati sulle abilità. Nota, mentre la fortuna gioca un ruolo più importante nei giochi basati sull'opportunità, è una forza importante nei giochi basati sull'abilità. Per una precisione del 100%, il 100% delle volte, i risultati del gioco non possono mai essere previsti in tutti i tipi di giochi legali.

- Basato sul caso (100% dipendente dal caso)
- Basato sulle abilità (i giocatori hanno un certo controllo, ma la possibilità rimane un fattore di risultato)

Gioco d'azzardo basato sul caso

I partecipanti non hanno la capacità di modificare o influenzare il risultato del gioco d'azzardo basato sul caso, che dipende interamente da eventi casuali.

Giochi / Attività:

Giochi da casinò:

- Macchinette da gioco
- Bonus progressivi
- Bingo
- Roulette
- Sic Bo
- Baccarat

- Prodotti della lotteria:
- 50/50 lotterie
- Linguette
- Biglietti gratta e vinci
- 6/49
- BC / 49
- Lotto Max
- Keno
- Pacific Hold 'em

Il gioco d'azzardo alle slot machine è una delle forme più comuni di gioco d'azzardo dipendente dal caso. I risultati dei giochi sono imprevedibili nei giochi d'azzardo basati sul caso e si basano interamente su eventi casuali. Le squadre non hanno modo di influenzare o influenzare il modo in cui il gioco finisce e se vincono o perdono la loro scommessa.

I giocatori d'azzardo basati sul caso possono finire nei guai, quindi sovrastimano il loro grado di controllo sull'esito del gioco. La maggior parte dei giocatori lo chiama opportunità. Una persona che sa di essere fortunata o si sente fortunata prenderà decisioni che normalmente non prenderebbe durante il gioco. È fondamentale che i giocatori d'azzardo basati sul caso abbiano una buona comprensione di come funziona effettivamente il gioco d'azzardo e siano consapevoli delle tecniche di gioco prudenti al fine di mantenere il gioco sano e divertente.

Esempi di gioco d'azzardo basato sul caso

Casinò e Community Gaming Center Giochi e sport Slot machine Bingo moderno e la maggior parte dei giochi da tavolo (Roulette, sic bo, Baccarat, ecc.) Il ritmo o l'ordine delle scommesse non influisce sui risultati, né il giocatore, il luogo o il tavolo o il sistema passano , poiché ogni gioco è separato e casuale.

Prodotti della lotteria

- 50/50 lotterie
- Linguette
- Biglietti gratta e vinci

Questi prodotti spesso forniscono premi fissi che devono essere vinti individualmente.

Altri prodotti della lotteria

- 6/49
- BC / 49
- Lotto Max
- Keno
- Pacific Hold 'em

Tali oggetti della lotteria possono avere premi divisi con più vincitori senza vincitori o premi. I prezzi possono essere fissati in anticipo o possono essere decisi vendendo i biglietti.

Esistono molti tipi, luoghi, modalità e rappresentazioni del gioco d'azzardo dipendenti dal caso, ma hanno tutti una cosa in comune: tutti i giocatori hanno le stesse possibilità di vincere in ogni momento.

È comune usare il termine "possibilità" per riferirsi a "probabilità" come in "qual è la possibilità che piova oggi?" La fortuna "è spesso associata a" probabilità "," casualità "e" probabilità ".

Gioco d'azzardo basato sulle abilità

Nel gioco d'azzardo basato sulle abilità, i giocatori possono utilizzare strategie e tecniche di scommessa basate sulla conoscenza correlata o sulle decisioni e sul comportamento di altri giocatori.

Giochi / attività

Strategia, abilità, conoscenza e possibilità

- Poker
- Blackjack
- Pai Gow
- Texas Shootout
- Scommesse sulle corse di cavalli
- Scommesse sportive

Il poker è il tipo più popolare di gioco basato sulle abilità, in cui i giocatori competono tra loro piuttosto che con il banco nella stanza. I giocatori traggono vantaggio dalla precedente esperienza di gioco in giochi basati sulle abilità. È possibile utilizzare tecniche e tattiche e alcuni stili di gioco possono essere efficaci quando si giocano più di una volta giocatori esattamente simili.

Tuttavia, è importante ricordare che il gioco d'azzardo basato sull'abilità è ancora un gioco d'azzardo, quindi il risultato del gioco è ampiamente al di fuori dell'influenza di ciascun partecipante.

I giocatori di poker sopravvaluteranno il loro livello di abilità e sottovaluteranno il livello di abilità dei loro avversari. I giocatori si mettono nei guai anche valutando erroneamente il grado di controllo che hanno sul risultato della partita, poiché non hanno alcun potere su quali carte vengono emesse, quali carte ricevono dai loro avversari e quali scelte possono fare i loro avversari.

A causa del risultato inaspettato in tutte le forme di gioco d'azzardo, in particolare il gioco d'azzardo basato sulle abilità, è importante avvertire i giocatori sulle tecniche di gioco prudenti per garantire che il gioco rimanga un gioco sicuro e divertente.

Esempi di gioco d'azzardo basato sulle abilità

- Attività di scommesse su gare e sport
- Scommesse sulle corse di cavalli
- Scommesse sportive
- I giocatori usano la loro esperienza per scommettere su sport, celebrità, animali, ecc.

Ad esempio , una volta effettuata una scommessa, non è necessario influenzare il risultato e diventa il risultato del caso. In effetti, altri scommettitori e bookmaker (bookmaker) utilizzano la stessa esperienza per valutare le probabilità di vincita.

C asino Giochi / attività

- Poker
- Blackjack

- Pai Gow
- Texas Shootout

I giocatori possono utilizzare strategie e tecniche di scommessa per provare a vincere una mano o ottenere un vantaggio. Tali tattiche e metodi possono essere focalizzati sul comportamento e sull'azione di altri giocatori per il poker.

Le strategie e le tattiche consentono di monitorare più partecipanti rispetto ai semplici giochi di fortuna, ma le conseguenze delle scommesse rimangono imprevedibili. Sebbene le strategie e le tecniche possano aiutare, non esiste alcuno schema che possa essere utilizzato per vincere ogni mano o eliminare il vantaggio del banco.

CAPITOLO 3: Gioco d'azzardo: miti. Psicologia e fatti

Nessun'altra pratica ad esso associata ha tante idee sbagliate come il gioco d'azzardo. Il volume di disinformazione diffusa in modo formale e informale è schiacciante. Tuttavia, ha qualcosa a che fare con la relazione fortuna-gioco d'azzardo.

Persone superstiziose in un modo in cui le persone logiche non credono alle cose, questo porta a credere che ci siano molte falsità che possono devastare il tuo bankroll.

La maggior parte del pubblico che gioca spesso non ama la matematica. Poiché il gioco d'azzardo e la fortuna sono strettamente correlati, non dovrebbe scioccare nessuno che i miti del gioco d'azzardo siano simili ad alcuni concetti matematici di base.

Alcuni miti e fatti sul gioco compulsivo La maggior parte delle persone coinvolte nel gioco d'azzardo ricreativo non pensa che potrebbero mai diventare dipendenti. Dopotutto, si dedicano solo occasionalmente al gioco d'azzardo, non perdono mai in una seduta più di qualche centinaio di dollari e agiscono sempre in modo responsabile.

Alcune persone potrebbero non rendersi conto che fino a quando non è troppo tardi, la loro abitudine al gioco è diventata una dipendenza. Ecco alcuni miti del gioco d'azzardo compulsivo che potrebbero sorprenderti.

Mito: ogni giorno giocano i giocatori compulsivi.

Fatto: la frequenza con cui una persona gioca non ha una relazione di dipendenza dal gioco. I giocatori patologici possono giocare solo una volta alla settimana o una volta al mese. Sono gli effetti emotivi e finanziari dei comportamenti del giocatore che indicano una dipendenza.

Mito: quando si perde fino all'ultimo centesimo, il gioco d'azzardo diventa un problema.

Fatto: una dipendenza dal gioco non decide quanti soldi vinci o perdi. I giocatori d'azzardo possono vincere alla grande e poi perdere tutti i loro guadagni il giorno successivo, oppure possono scommettere solo una certa somma ogni volta. Di solito, i giocatori contraggono ampi debiti per iniziare a influenzare le loro vite con le conseguenze finanziarie delle loro azioni, ma non è sempre così.

Mito: qualcosa come il gioco d'azzardo non può diventare dipendente.

Fatto: alcune attività creano dipendenza quanto bere o drogarsi, come il gioco d'azzardo. Il gioco d'azzardo può creare un'euforia che induce il giocatore a continuare a replicare il comportamento per mantenere questo risultato. Il giocatore sviluppa il desiderio di giocare d'azzardo, come con la droga e l'alcol, e correrà rischi sempre maggiori per raggiungere questa euforia. Un giocatore può cedere a una dipendenza dal gioco facendolo più spesso, indipendentemente dalle conseguenze negative. Anche i giocatori d'azzardo patologici, come qualsiasi altra dipendenza e comportamento compulsivo, possono contestare le loro abitudini e potrebbero non credere affatto di avere problemi.

Mito: il gioco d'azzardo compulsivo è solo una questione finanziaria.

Fatto: secondo il Consiglio nazionale, il gioco d'azzardo compulsivo è un problema emotivo con conseguenze finanziarie. Anche se ci si prende cura degli obblighi finanziari di un giocatore, quella persona rimane un giocatore compulsivo. Il problema non è quanti soldi ha perso il giocatore, ma che l'individuo ha una dipendenza dal gioco incontrollabile.

Mito: anche le persone spericolate sono dipendenti dal gioco d'azzardo.

Fatto: è comune presumere che le persone dipendenti siano di volontà debole e spericolate. Ma, non importa quanto siano responsabili, chiunque può diventare dipendente dal gioco d'azzardo. Una volta nella loro dipendenza, i giocatori possono dedicarsi ad attività rischiose per sostenere la loro dipendenza.

Mito: il comportamento criminale di tutti i giocatori

Fatto: sebbene alcuni giocatori possano impegnarsi in comportamenti criminali, come rapine o aggressioni, questa non è la norma. Spesso è un senso di perdita di controllo che spinge un giocatore a impegnarsi in tali comportamenti.

Mito: un giocatore d'azzardo scommetterà su qualsiasi cosa.

Fatto: i giocatori d'azzardo di solito preferiscono quello che stanno per fare e non saranno tentati dalle scommesse su altri problemi. Ad esempio, i biglietti della lotteria o le slot machine potrebbero non tentare un giocatore d'azzardo che fa viaggi settimanali in pista.

Mito: se il giocatore può permetterselo, il gioco compulsivo non è davvero un problema.

Fatto: solo perché le persone perdono soldi non significa che le loro azioni non siano problematiche. Il gioco d'azzardo compulsivo di solito interferisce con tutti gli aspetti della vita del giocatore, compresi la famiglia, gli amici e le relazioni di lavoro. La preoccupazione è il comportamento di gioco stesso, non gli effetti finanziari del crimine.

Mito: questo significa pagare tutti i loro debiti per aiutare i giocatori compulsivi a liberarsi dalla loro dipendenza.

Fatto: il persistente salvataggio del debito di un giocatore compulsivo può solo rendere probabile la condotta. Anche se ottenere il rimborso del debito può essere una priorità, trattare la dipendenza dal gioco stesso e ottenere l'aiuto necessario per superare la dipendenza è più importante per il giocatore.

Mito: un giocatore compulsivo è facile da riconoscere.

Fatto: a differenza delle dipendenze da droghe e alcol, ci sono pochissimi segni evidenti di gioco compulsivo. Il comportamento è facile da nascondere alle persone, in particolare se sono dipendenti dal gioco d'azzardo.

Se qualcuno di questi miti è realtà per te o per una persona cara, potrebbe essere necessario trattare la dipendenza dal gioco.

Molte delle parole che usiamo hanno origine nel gioco d'azzardo. Pensa a quante volte al giorno inizi una frase, "Scommetto ...". Ecco alcuni altri esempi:

Le possibilità sono

- È una cosa sicura!
- È un crapshoot.
- Ho un asso nella manica

È una scommessa sicura (un altro termine del gioco d'azzardo) che hai usato frasi del genere prima! Tutte queste parole comuni dimostrano che il gioco d'azzardo esiste da molto tempo, abbastanza a lungo da costruire alcuni miti. Ecco alcuni altri miti e fatti comuni sul gioco d'azzardo.

Mito: il gioco d'azzardo è un mezzo per fare soldi.

Fatto: il gioco d'azzardo è un modo per perdere denaro il più delle volte. Se stai giocando, pensalo come qualcosa per cui devi pagare, proprio come un film o una cena con gli amici. Questo può aiutarti a continuare a giocare in prospettiva e se finisci per vincere dei soldi di tanto in tanto, sarà un bel regalo invece di fare affidamento su qualcosa che sei stato.

Mito: le persone diranno se esce testa o croce di un lancio di una moneta.

Fatto: ogni lancio di moneta è un evento separato. Quello che è successo nei lanci precedenti non ha importanza. La probabilità di un singolo lancio di testa o croce è del 50 percento, indipendentemente da quante volte giri la moneta.

Mito: esistono meccanismi che rendono più facile prevedere i numeri vincenti della lotteria.

Fatto: il modo in cui scegli i numeri non ha importanza; le tue possibilità di vittoria sono sempre le stesse. Prendi, ad esempio, un Lotto 6/49 simile a una lotteria. Tutti i numeri sono montati in un tamburo e mescolati insieme. Per caso, la gamma è perfetta. Il numero ha la stessa probabilità di essere scelto (1 possibilità su 49 di essere accurato). Per un biglietto, le probabilità di vincere il jackpot sono 1 su 13.983.816.

Mito: la maggior parte degli adolescenti non gioca.

Fatto: gioco d'azzardo per circa 2 adolescenti su 3

Mito: gli adolescenti non hanno problemi con il gioco d'azzardo.

Fatto: gli adolescenti tendono a giocare con gli amici, non nei casinò, ma ciò non significa che non possano avere problemi con il gioco d'azzardo. Uno studio del 2008 sugli studenti dell'Alberta tra i gradi 7 e 12 ha trovato segni di gioco problematico, poco più del 2%, quindi circa 2 studenti su 100 intervistati. Circa il 4% o 4 studenti su 100 hanno mostrato segni di rischio di sviluppare problemi con il gioco d'azzardo.

Mito: quando hanno una serie di sconfitte, le persone di solito possono riconquistare i loro soldi.

Fatto: non vero, non vero! I casinò rimangono in attività perché la maggior parte delle persone non recupera i propri soldi. Pensaci: per quanto tempo un casinò rimarrebbe in attività se spendesse più soldi di quanti ne ha presi? La verità è che in questi luoghi la maggior parte dei giocatori perde molto più denaro di quanto vince.

Mito: vincere alla lotteria ti metterà sulla "strada facile".

Fatto: non hai meno di 18 anni! In Alberta, l'acquisto di biglietti della lotteria, la raccolta di vincite alla lotteria o la riproduzione di qualsiasi altro gioco sponsorizzato dall'Alberta Gaming and Liquor Commission è contro i regolamenti provinciali della lotteria per i minori di 18 anni (inclusi i biglietti gratta e vinci.)

Alcuni miti e fatti pervasivi

Mito: Più giochi, più è probabile che tu abbia una grande vittoria.

Fatto: il risultato di qualsiasi evento di gioco d'azzardo è dovuto al caso. Spendere più tempo nel gioco d'azzardo non ha alcun impatto sul risultato della prossima partita. Questo è noto come "indipendenza dall'evento": ogni risultato di un evento (ad esempio, estrazione della lotteria o rotazione dei rulli) è indipendente da quelli precedenti o successivi. Dato il vantaggio della casa e il ritorno ai meccanismi del giocatore sopra menzionato, una quantità maggiore di tempo trascorso a giocare significherebbe di solito pagare di più per quel tempo libero.

Mito : alla fine vincerai indietro tutti i tuoi soldi se continui a giocare abbastanza a lungo.

Fatto: più giochi, più è probabile che perderai più soldi. Le probabilità sono sempre a favore di coloro che offrono la scommessa: gli allibratori, i casinò e le società di lotterie sanno che alcune persone vinceranno, ma più persone dovranno perdere per mantenere le società in attività.

Mito: una buona conoscenza di un gioco aumenta le possibilità di vincita.

Fatto: tutto dipende dal caso, ancora una volta. Giochi come il poker e le scommesse sportive possono trarre vantaggio da una conoscenza extra, ma non puoi indovinare il risultato. Potresti pensare di essere il miglior giocatore di poker del mondo, ma qualcun altro potrebbe essere migliore o avere carte più forti. Le ultime due partite potrebbero aver vinto la tua squadra di calcio, ma questo non significa che ne vinceranno una terza. Ricordati di giocare sul sicuro in ogni momento.

Mito: tenere traccia dei risultati precedenti durante i giochi può aiutarti a capire i risultati futuri.

Fatto: quando si tratta di gioco d'azzardo, non esiste uno schema. Se esistesse uno schema, tutto imparerebbe e nessuno perderebbe mai. Se nessuno fosse perso, non ci sarebbero più soldi nelle slot machine, e gli allibratori e i casinò sarebbero in bancarotta ei vincitori non potrebbero essere pagati. Credere in questo ti farà solo perdere molti soldi e smettere di giocare per divertimento.

Mito: ho quasi vinto; Devo avere una vittoria.

Fatto: vincere "quasi" non significa che ci sia una vera vittoria dietro l'angolo. I risultati futuri del gioco d'azzardo non sono influenzati in alcun modo dai risultati precedenti.

Mito: aumenterò le mie possibilità di vincita se gioco a più di una slot machine o a più di una partita di poker alla volta.

Fatto: ovviamente, giocando a due slot machine o giochi di poker contemporaneamente, puoi vincere più spesso, ma non fare errori: spenderai anche - e alla fine perderai - di più. Nota, più giochi, più perdi.

Mito: se vedo uscire regolarmente una certa carta in una partita di poker, scommetto su di essa perché è probabile che si ripresenti molto presto.

Fatto: in un mazzo da 52 carte, sono possibili 2,6 milioni di mani. Poiché ogni mano è indipendente dall'ultima, non c'è più (o meno) probabilità che una carta venga nuovamente fuori una volta che è già apparsa rispetto a qualsiasi altra carta.

Mito: ho una strategia speciale per aiutarmi ad avere successo. Scelgo un numero della lotteria e premo il pulsante di arresto su una slot machine al momento giusto.

Fatto: il risultato della maggior parte dei giochi di fortuna, in particolare lotterie e slot machine, è completamente casuale: non importa quello che fai, non puoi influenzarlo. Significa che scommettere gli stessi numeri ogni settimana non ti aiuterà a vincere più delle scommesse su numeri diversi. Ad esempio, le probabilità di vincere al Lotto 6/49 sono 1 su 14 milioni ogni volta che giochi: non importa quante persone hanno acquistato i biglietti o quanti numeri giochi, le probabilità sono le stesse, a prescindere.

Che tu vinca o meno giocando alle slot machine si basa esclusivamente sui numeri estratti casualmente creati dal computer della macchina, numeri che decidono il risultato del gioco anche prima che i rulli si fermino. Quando capisci qual è il risultato del gioco, premendo il pulsante di arresto si accelererà, ma non influenzerà in alcun modo il risultato.

Mito: oggi mi sento come se fosse il mio giorno fortunato. Sento che vincerò.

Fatto: l'aspettativa, l'impulso o persino la necessità di vincere denaro non ha alcun effetto sul risultato di un gioco di fortuna. Il mito di FacebookMore1: il gioco d'azzardo non crea dipendenza.

Fatto: l'idea dietro l'idea sbagliata secondo cui il gioco d'azzardo non crea dipendenza sostiene che il gioco d'azzardo non ha effetti fisici, come alcol e droghe. Ma non è veramente valido, perché credi che il tuo corpo non abbia nulla a che fare con il cervello.

Gli Stati Uniti hanno un record terribile di identificazione di malattie mentali. Poiché il modo in cui il cancro o le malattie cardiache non sempre si accompagnano a sintomi fisici, le persone pensano che la malattia mentale sia in qualche modo meno una malattia che una malattia fisica.

Questo tipo di pensiero all'indietro distrugge vite e interferisce con le possibilità che le persone hanno di stare bene.

Non tutti i giocatori diventano dipendenti.

Ma non aiuta nessuno a dire che il gioco d'azzardo crea davvero dipendenza.

Mito: finalmente dovrai cambiare la tua fortuna e inizierai a vincere.

Fatto: questo è un esempio dell'errore del giocatore di un concetto matematico. La teoria è che i risultati passati influenzeranno in qualche modo i risultati futuri.

Questo non è vero con la maggior parte (non tutte) le attività di gioco d'azzardo.

Ecco un esempio: qualcuno che gioca alla roulette vede il risultato nero quattro volte di seguito. Potrebbe fare 1 delle 2 ipotesi:

Il nero è caldo e al prossimo giro è più probabile che torni di nuovo.

Il rosso è dovuto ed è più probabile che avvenga il prossimo giro.

Ma la probabilità di ottenere un risultato nero o rosso dipende da quanti risultati in rosso ci sono rispetto a quanti risultati in nero ci sono.

Dal momento che ci sono ancora tutte e 38 le tasche su una ruota della roulette - non vanno da nessuna parte quando le raggiungi - la probabilità non è cambiata.

Quella rotazione della ruota della roulette è un evento separato. I risultati precedenti non influenzeranno i risultati futuri.

Il blackjack è un'eccezione perché la composizione del mazzo è diversa una volta che una carta viene distribuita.

Mito: quando sei fortunato, sei un sensitivo e impari.

Fatto: i risultati del gioco d'azzardo vengono decisi in modo casuale. Nessuno ha alcuna forma di abilità soprannaturale per aumentare le proprie possibilità di vincere ai giochi da casinò. Ma molte persone credono di sapere quando saranno fortunate.

Cercare di convincere qualcuno che pensa di essere un sensitivo che non può predire il futuro è probabilmente inutile. Tuttavia, se non fosse incluso, non sarebbe una buona lista di miti sul gioco d'azzardo.

Passa un po' di tempo a leggere di James Randi, che ha passato decenni a smascherare i sensitivi, per scoprire di più sul motivo per cui i fenomeni paranormali sono un mucchio di bugie.

La sua fondazione ha offerto $ 1 milione a chiunque potesse

dimostrare un'attività paranormale documentata per oltre 50 anni, in particolare abilità psicologiche.

Nessuno ha mai partecipato e oltre 1.000 persone hanno preso parte al concorso in pochi anni.

Mito: i casinò pompano ossigeno per mantenerti in vita e giocare sotto il sole.

Fatto: un po' di buon senso dovrebbe dirti che questo non è valido. Per un minuto, pensaci. Quando si interagisce con l'aria, qual è il pericolo maggiore?

Questo rende le cose più ignifughe.

Sarebbe un pericolo di incendio come nessun altro pompare ossigeno in un casinò affollato con il suo uso pesante di elettricità e il suo gran numero di persone che fumano spesso sigarette.

La teoria è probabilmente derivata da un libro di Mario Puzo, Fools Die, in cui un casinò immaginario chiamato Xanadu pompa ossigeno. Il problema è la sua finzione.

Al The Hoaxes Museum, puoi saperne di più su questa storia.

Mito: le carte conteggio sono illegali.

Fatto: un piccolo pensiero chiarisce l'errore di questa teoria. Come potrebbe essere illegale pensare a un gioco mentre lo stai giocando? A meno che tu non usi un qualche tipo di strumento per tenere il passo con il conteggio, tutto ciò che fai è preoccuparti del gioco a cui stai giocando quando conti le carte. A proposito, i casinò stanno bene con questa storia. Sconsigliamo il modo più semplice per contare le carte. In realtà prenderanno contromisure se pensano che stai contando le carte. In ogni mano, potrebbero iniziare a mescolare il mazzo. Oppure potrebbero chiederti di non giocare a blackjack. Se sono davvero pignoli, potrebbero persino bandirti permanentemente dal loro casinò.

Ma per contare le carte, non puoi essere addebitato o punito. Non è illegale.

Mito: sono giochi da casinò truccati.

Fatto: questa teoria è valida in un certo senso, ma non nel modo in cui pensa la maggior parte delle persone.

Coloro che sono convinti che i giochi da casinò siano truccati affermano che il casinò cambierà arbitrariamente i risultati del gioco ogni volta che ne avranno voglia.

Ricordi la scena di Casablanca in cui Rick chiede al croupier di atterrare la palla su qualche risultato?

Questa è finzione.

Non sta succedendo nella vita reale. Immagina le possibilità di far cadere a piacimento una pallina della roulette in una delle 38 caselle.

Questo non ha senso.

Tuttavia, i giochi da casinò sono progettati con la matematica a vantaggio del casinò del giocatore. Un giocatore può vincere nel breve periodo, ma è meno probabile che perdere.

Il casinò conquisterà sempre il giocatore a lungo termine.

Questo perché, a quote inferiori, le scommesse pagano rispetto alle probabilità di vincita.

Nel nostro post sul margine della casa e su come funziona, puoi saperne di più su questa idea.

La matematica dietro il bordo della casa è il motivo per cui i casinò non hanno bisogno di manipolare i loro giochi. La matematica è già truccata.

Mito: gioco online illegale

Fatto: questa affermazione è troppo universale per essere valida. L'applicazione a un intero paese come gli Stati Uniti è anche troppo comune. Le leggi statunitensi sono un mosaico di governi federali, statali e locali, ognuno ha anche regole diverse. In effetti, il gioco d'azzardo nei casinò online è stato legalizzato da tre stati negli Stati Uniti. Gli altri 47 stati non hanno legalizzato o regolamentato i casinò online, ma non tutti hanno leggi sui libri che specificatamente rendono illegale l'attività.

Facilitare i trasferimenti di denaro per scopi di gioco illegale è illegale, ma questa è un'altra pratica del piazzare una scommessa.

E mentre il gioco d'azzardo online è chiaramente illegale in molti stati degli Stati Uniti, nessuno è mai stato arrestato o perseguito su Internet per aver giocato alle slot machine o al blackjack. Fino ad ora, gli sforzi di applicazione si sono concentrati sulle società di gioco d'azzardo online piuttosto che sui giocatori.

Mito: è tutta gioia.

Fatto: la fortuna ha un ruolo nel gioco d'azzardo, ma non necessariamente nel tuo modo di pensare. Un matematico penserebbe che la fortuna nei risultati attesi sia solo una fluttuazione a breve termine. Alla lunga, le cose verranno anche fuori.

Ma la convinzione che i risultati del gioco d'azzardo siano basati interamente sul caso ignora il ruolo che un buon processo decisionale gioca nella vincita del gioco.

Ecco un esempio: il Blackjack è un gioco in cui la matematica alla base del gioco, le tue decisioni giocano un ruolo chiaro. Ogni modo in cui viene giocata una mano ha un valore atteso. Il tuo lavoro come giocatore è selezionare il valore atteso più alto per la decisione. Stai giocando con la strategia di base quando lo fai su ogni possibile stick.

La differenza tra un giocatore di blackjack che usa il piano di base e uno che gioca solo le sue intuizioni è la differenza tra lo 0,5% e il 4% del margine del banco.

Cosa significa il tuo bankroll?

Quando giochi per $ 50 a mano e ottieni 60 mani l'ora, metti in pratica $ 3000 ogni ora.

Stai cercando una perdita di $ 15 l'ora se prevedi di perdere lo 0,5% di quell'azione. Questo è un intrattenimento da casinò relativamente economico.

Ma se prevedi di perdere il 4% di quell'azione, vedrai una perdita di $ 120 l'ora. Questo è un intrattenimento da casinò relativamente costoso.

Quindi il buon senso ti dice che se il fondo della casa è più basso, le possibilità di allontanarsi da un vincitore sono maggiori.

Mito: per ottenere un vantaggio sulla tua prossima scommessa, puoi utilizzare i modelli.

Fatto: questa teoria è strettamente connessa all'errore dei giocatori d'azzardo sopra. Ecco come funziona il pensiero: su una macchina per video poker Jacks or Better, stai guardando una partita. Vedi, ha giocato solo per 2 ore, ma due volte ha già ottenuto una scala reale.

Credi che lo schema sia quello di pagare i jackpot più spesso di altri giochi per quella console.

Non è vero, però.

In un gioco di video poker Jacks or Better, le probabilità di vincere un jackpot sono ancora di circa 40.000 a 1. I risultati precedenti non cambiano il numero di carte nel mazzo o le variazioni che vedrai sul tuo computer.

Le tendenze si stanno verificando nei giochi d'azzardo. Succedono davvero tutto il tempo.

Ma in retrospettiva, sono solo apparenti.

A seconda di uno schema che hai visto in passato, non puoi prevedere cosa accadrà in futuro.

Mito: slot machine fredde e / o calde.

Fatto: questo è strettamente collegato ai modelli e ai punti elenco fallaci dei giocatori. Gli amanti delle slot machine hard non ci crederanno, ma retrospettivamente le slot machine diventano solo calde o fredde. Solo perché un gioco di slot è in corso caldo per un'ora o due non significa che esso continuerà a funzionare girato in futuro. Inoltre non significa che "avere freddo" sia più probabile.

Le moderne slot machine sono gestite da un programma per computer generatore di numeri casuali (RNG). Questo è un programma per computer che produce numeri al secondo a una velocità di migliaia di numeri. Se si preme il pulsante "gira" o si tira la leva, in quel millisecondo, l'RNG si fermerà al numero che ha contato.

Questo programma per computer non funziona abbastanza lentamente da consentirti di prevedere dove si trova nel suo conteggio. Non c'è modo di sapere se il gioco ha pagato molto o meno.

Ogni giro dei rulli è un evento separato. I risultati dei giri successivi non sono influenzati dai giri precedenti.

Mito: le scelte fatte da altri giocatori di blackjack influenzano le tue possibilità di vincita.

Fatto: questo è uno dei miti più comuni del blackjack. Ha diverse permutazioni.

Un altro esempio è l'ipotesi che le probabilità siano rovinate da un giocatore che salta dentro e fuori dai giochi. Ci sono prove aneddotiche da molti giocatori che le cose sono andate bene al tavolo fino all'arrivo di un certo giocatore. Poi c'è un boom! Il dealer vince tutto il tempo.

Questo è un esempio di memoria selettiva che è migliore di quanto la maggior parte delle persone creda. Solo perché qualcosa accade prima di qualcos'altro non significa che ci sia una connessione tra causa ed effetto. Probabilmente la maggior parte delle persone dimentica che qualcuno è saltato in un gioco tutto il tempo e tutti i giocatori hanno iniziato a vincere.

La permutazione più popolare è l'ipotesi che tutti al tavolo siano danneggiati da un giocatore che utilizza una strategia non ottimale. Ad esempio, avrebbe preso una moneta che avrebbe rotto il tavolo.

In effetti, gli altri giocatori al tavolo traggono profitto dai propri errori tutte le volte che li danneggiano. Alla lunga, tutto cresce.

In realtà, i cattivi giocatori consentono ai casinò di offrire migliori giochi di blackjack. Se tutti usassero una strategia di base perfetta, i casinò cambierebbero le condizioni del gioco per migliorare il vantaggio dei giocatori.

Mito: il gioco d'azzardo online è una minaccia per i bambini.

Fatto: si vedranno molti argomenti spuri contro il gioco d'azzardo online. Uno di questi è che mette a rischio i bambini. Il fatto è che la maggior parte dei casinò online non ti permetterà di iniziare a giocare con soldi veri finché non avrai dimostrato di essere legalmente abbastanza grande per giocare. Può avere 18 o 21 anni, a seconda del casinò e della sua giurisdizione.

Eppure le storie di casinò online che vittimizzano i giocatori d'azzardo dei bambini sono inaudite.

Le società di gioco d'azzardo online creano molti soldi senza prendere di mira i giocatori minorenni. Le giurisdizioni in tutto il mondo richiedono che i minori siano protetti dal gioco d'azzardo come condizione preliminare per ottenere una licenza operativa.

Mito: i casinò online vengono utilizzati solo per il riciclaggio di denaro.

Fatto: questo è un errore promulgato dai sostenitori dell'UIGEA (Unlawful Internet Gambling Enforcement Act). Questo è uno statuto aggiunto nel tentativo di limitare il gioco offshore al Safe Ports Act.

Esiste il riciclaggio di denaro nei casinò online?

Può essere!

Ma il modo per riciclare denaro è più facile e sicuro.

Il riciclaggio di denaro di solito funziona utilizzando un'attività prevalentemente in contanti. Le tracce cartacee sono anatema per un'operazione di riciclaggio di denaro, come quelle fornite dall'uso di carte di credito e portafogli online.

Non ho mai visto alcuna prova che il denaro venga riciclato dalle società di gioco d'azzardo online.

Mito: le slot machine più libere sono vicine ai corridoi.

Fatto: questa teoria potrebbe essere stata accurata in una sola volta. L'idea è che i casinò vogliono attirare i giocatori d'azzardo a giocare alle slot. Avvicinando le macchine più libere ai corridoi dove le persone camminano, è più probabile che attirino i giocatori d'azzardo verso le macchine.

John Robison di American Casino Guide ha esplorato queste ipotesi con i proprietari di casinò e gli operatori di slot. La sua conclusione da quelle discussioni è che la natura mutevole dei casinò e delle slot machine rende superfluo organizzare le slot machine in questo modo.

La realtà è che non è possibile trovare slot machine con percentuali di rimborso maggiori. Anche se, se lo fai, devi anche compensare variabili come l'incertezza e la durata della vittoria. Una slot machine progressiva con un enorme jackpot potrebbe avere un alto potenziale di ritorno, ma le probabilità di vincere il grande jackpot - che costituisce una buona percentuale di quel guadagno - sono ancora astronomiche.

Mito: è impossibile battere il casinò nel lungo periodo.

Fatto: la maggior parte dei miti ha elencato il punto in idee sbagliate legate al battere i casinò.

Ma poche persone sono convinte che non sia possibile battere il casinò a lungo termine.

E questo non è vero.

Molti giochi sono matematicamente imbattibili. Questi includono giochi come slot e roulette.

Altri giochi sono battibili da giocatori esperti, come il video poker e il blackjack.

Diverse tecniche permetteranno a un giocatore di ottenere un vantaggio statistico sulla casa, assicurando che il giocatore possa battere il casinò a lungo termine. Il conteggio delle carte del blackjack è solo un esempio di un metodo di gioco d'azzardo vantaggioso. Un'altra cosa è combinare l'esperienza delle tabelle di pagamento del video poker con un'ottima strategia e sconti. Ovviamente, solo avendo fortuna e smettendo di giocare mentre sei in vantaggio, è anche possibile battere il casinò a lungo termine.

Ma dov'è quel divertimento?

Mito: giocare con le slot machine inserite influisce sulle tue possibilità di vincita.

Fatto: ho spiegato come funziona un generatore di numeri casuali in una slot machine in un precedente punto elenco. Questo programma per computer non è collegato agli slot per le tue carte club.

Se ci pensi, saprai che non c'è motivo per cui il casinò penalizzi i giocatori per aver usato gli slot per le loro carte club. Il punto è dare loro incentivi per incoraggiare i giocatori a giocare di più. Perché stai cercando di fare il contrario?

L'unica cosa che gioca con il tuo club di slot inserito è tenere traccia di quanti soldi spendi attraverso la macchina. Più tempo trascorri su una slot machine e più giri fai, più redditizio sarà per il casinò.

I casinò non si preoccupano dei vincitori sulla slot machine di tanto in tanto. Le vittorie occasionali dietro la macchina sono già prese in considerazione in matematica.

L'unico obiettivo dei casinò è permetterti di passare più tempo a giocare quando si tratta di slot machine e abbonamenti alle slot.

Mito: il casinò può battere il sistema Martingale.

Fatto: questo ha un po'di verità. Usando il metodo Martingale, puoi spesso guadagnare piccole vittorie nel breve periodo. La preoccupazione è che un'enorme perdita alla fine spazzerebbe via queste piccole vittorie.

Ecco come funziona in teoria il modello Martingale: scommetti di nuovo ogni volta che perdi una scommessa, raddoppiando l'importo della scommessa.

Alla fine vincerai, recupererai le tue perdite e ti ritroverai con un profitto di una unità.

Ecco un esempio: al tavolo della roulette, un giocatore di Martingala punta sul nero. Sta scommettendo e perdendo $ 20. Sta scommettendo $ 40 sul giro successivo e perde di nuovo. Punta $ 80 al terzo giro e perde. Ha riconquistato i $ 50 persi nei due giri precedenti e, grazie ai suoi sforzi, ha guadagnato $ 20.

Il modello Martingale ha due grossi problemi: presuppone che tu abbia un bankroll infinito.

Sta dicendo che puoi scommettere quanto vuoi.

In effetti, devi scommettere con una quantità di denaro limitata. E anche se hai un bankroll enorme, alla fine otterrai una serie di vittorie in cui la prossima puntata è superiore ai limiti di puntata del tavolo.

Ecco un esempio di progressione Martingale: $ 20 $ 40 $ 80 $ 160 $ 320 $ 640 Se stai scommettendo a un tavolo con una puntata massima di $ 500, dovrai perdere solo cinque volte di seguito prima di non poter continuare.

E a quel punto hai perso $ 620.

Perdi anche $ 640 alla sesta puntata per ottenere un profitto netto di soli $ 20.

Sì, la perdita di 5 o 6 scommesse consecutive è improbabile. Ma come puoi immaginare, non è così improbabile.

Mito: su una slot machine, è più probabile che tiri la leva produca una vincita piuttosto che fare clic sul pulsante "Gira".

Fatto: ho discusso alcune volte di come funziona il generatore di numeri casuali su una slot machine nel post, ma per maggiori chiarimenti: il generatore di numeri casuali non sa se hai tirato la leva o premuto il pulsante "spin".

Si ferma sul numero quando premi il pulsante o tiri la leva di cui stai parlando.

Inoltre, quale motivo di tale discrepanza avrebbe il casinò? Quello semplicemente non ha senso. È semplice e semplice superstizione.

Mito: i casinò possono modificare i risultati del gioco se hai vinto troppo.

Fatto: i casinò non hanno bisogno di modificare i risultati dei loro giochi. Tutti i loro giochi sono già dotati di un vantaggio integrato di case matematiche che non possono battere a lung termine. Questo è simile al mito secondo cui i risultati del giro della ruota della roulette possono essere controllati dal croupier.

A volte i giocatori vincono nel breve periodo perché questa è la natura della probabilità. È probabile che ci sia volatilità a breve termine.

I casinò, d'altra parte, trattano quasi istantaneamente con cifre a lungo termine.

Un giocatore medio sta facendo 600 giri in un'ora su una slot machine. Anche se gioca quattro ore al giorno, sono stati generati solo 2400 giri, il che è statisticamente insignificante.

Ma un casinò con 1000 slot machine in esecuzione 24 ore al giorno può vedere 24.000 X 600 giri o 14,4 milioni di giri al giorno. Anche se questi giochi sono vuoti in media il 50 percento delle volte, si tratta comunque di 7 milioni di giri al giorno.

Una volta raggiunti i milioni di giri, inizierai a vedere risultati vicini agli standard statistici.

Moltiplica il numero di giri per 30 giorni al mese o 365 giorni all'anno e puoi facilmente vedere come funziona il casinò a lungo termine.

Poiché la matematica alla base di questi giochi di slot garantisce un'aspettativa di vincita a lungo termine del 4% o più, il casinò può fare un sacco di soldi senza doversi mai preoccupare di fissare i risultati sui loro giochi.

Lo stesso metodo di pensiero si applica anche ad altri giochi da casinò.

Per i singoli giocatori, i casinò semplicemente non hanno bisogno di micro-gestire i risultati dei singoli giochi.

Mito: i bookmaker una volta che si verificano, conoscono i risultati degli eventi.

Fatto: in questo post, non ho approfondito molti miti sulle scommesse sportive, perché sono più un esperto di giochi da casinò ed esperto di poker.

Ma è troppo facile sfatare questa teoria.

Quando i bookmaker sapessero prima che si verificassero le conseguenze di ogni caso, avrebbero avuto molto più successo di quanto non siano. Non dovrebbero nemmeno cambiare le linee, a seconda del comportamento del pubblico. Avrebbero semplicemente inviato le linee e le probabilità per massimizzare il loro vantaggio.

Il bookmaking è l'unico modo per pensarlo come un mercato, come il mercato azionario. In base a quanto sono attraenti per gli scommettitori, le linee e le quote vengono modificate. Se un gioco ha troppa azione su un lato, i bookmaker modificheranno le loro linee per cercare di uniformare l'azione su entrambi i lati. Non dovrebbero farlo se conoscessero in anticipo il risultato. Si sarebbero semplicemente assicurati dalla parte opposta del vincitore assicurato di avere più azione possibile.

Nel determinare lo spread dei punti, i bookmaker sono estremamente precisi. Gli sconvolgimenti accadono ogni settimana, però.

Anche i Cleveland Browns vincono di tanto in tanto una partita di calcio.

Mito: i biglietti del BC / 49 hanno maggiori probabilità di vincere rispetto ai biglietti del Lotto 6/49 perché meno persone giocano perché sono disponibili solo in BC.

Fatto: le possibilità di vincita del Lotto 6/49 si basano su possibili combinazioni di numeri, non sul numero di biglietti venduti. Le probabilità corrispondenti di 6/6 numeri sono 1 su 13.983.816. Allo stesso modo, le probabilità di vincere BC / 49 si basano su possibili combinazioni di numeri e sono esattamente le stesse del Lotto 6/49: una su 13.983.816.

Mito: "Mi sento fortunato". o "Il mio portafortuna mi aiuterà a vincere".

Fatto: non posso usare la fortuna per prevedere cosa accadrà in futuro. Quando le persone credono nella fortuna, si renderanno conto che la fortuna più comune affrontata dai giocatori è la sfortuna quando si tratta di gioco d'azzardo. I risultati del gioco d'azzardo sono imprevedibili e il gioco d'azzardo è un comportamento rischioso.

Mito: per un grande jackpot, alcune slot machine sono calde.

Fatto: le slot BC pagano in media il 92% di tutto il denaro scommesso. Tuttavia, il tasso di pagamento si basa sulla vita di una macchina, non su una sessione di gioco. Le leggi della probabilità incoraggerebbero molti giocatori a vincere e ne farebbero perdere molti di più durante la vita di una slot machine o in altre parole, dopo milioni e milioni di giri. La verità è che le slot machine hanno generatori di numeri casuali (RNG) al loro interno per garantire che un risultato casuale sia generato da ogni giro. Un computer ha la stessa probabilità di avere combinazioni vincenti e grandi vincite consecutivi, così come lo è di avere combinazioni perdenti e sconfitte consecutive.

Mito: "Imparerò un sistema che supererà le probabilità".

Fatto: non esiste un sistema che puoi usare per superare il vantaggio o le probabilità della casa. In realtà, molti di questi sistemi sono progettati per consentire ai giocatori di scommettere più soldi di quanto dovrebbero altrimenti, perché creano un falso senso della potenziale capacità del giocatore di vincere usando il programma. Molti di questi dispositivi venduti ai giocatori sono semplicemente progettati per incoraggiare i giocatori a giocare ancora più soldi, consentendo al giocatore di perdere più soldi più rapidamente. Ogni gioco ha un elemento casuale che non può essere superato. Questa è una condizione necessaria per il gioco d'azzardo.

Mito: "Vinco di più alle slot perché sto giocando alla scommessa massima!"

Fatto: è vero che per molte slot machine se la scommessa fatta prima del giro era la più alta consentita (o maggiore della più bassa), la vincita grande con quote migliori. Tuttavia, il ritorno medio del giocatore (ARP) è ancora nella regione del 92%. E in sostanza, quando incontri grandi vittorie, noti solo la differenza, cosa che non accade molto spesso. Mentre paghi di più per giocare, il che aumenta il ritmo, perdi i tuoi soldi.

Mito: "Più mi alleno, meglio ottengo".

Fatto: la formazione non è ottimale con il gioco d'azzardo. Una giocata non influisce su un'altra e non esiste un sistema o un modo per vincere. Nota, ogni gioco ha un elemento di probabilità che anche con la pratica non può essere superato. Giocare a poker o scommettere sugli sport può richiedere un po 'di abilità, ma questi giochi implicano ancora il caso. Hai più probabilità di perdere nel tempo che di vincere.

Mito: "Le pagine di Gambling.net sono innocue e divertenti poiché non si scommette sui soldi".

Fatto: sebbene sia vero che i siti.net non richiedono di giocare con denaro, è importante capire che sono progettati specificamente per guidarti verso i siti.com (a pagamento). I siti di pratica (.net) ti rendono più facile avere successo, contribuendo a un falso senso di competenza e potere. Rende le pagine.net particolarmente pericolose per i bambini e i giovani. Quando si formano false supposizioni sulle proprie possibilità, abilità o capacità di vincere al gioco, è difficile superarle. Le false credenze possono portare a cattive abitudini di gioco e a cattive decisioni.

Mito: "Sono bravo con i giochi per computer, quindi sono sicuro che sarò bravo con il poker su Internet". Realtà: il gioco d'azzardo è basato sul rischio e sul caso. L'abilità coinvolta nei videogiochi non ha nulla a che fare con alcun tipo di gioco d'azzardo.

È improbabile che anche un videogioco basato sul gioco d'azzardo abbia le stesse possibilità e ricompense nel mondo reale che un giocatore dovrà affrontare.

Mito: "Bingo tutti al bingo perché sto giocando a carte multiple!" Fatto: con il numero di carte che una persona gioca, le possibilità di vincere al bingo aumentano, ma lo sono anche i costi di gioco. La maggior parte delle persone accetta questo costo aggiuntivo perché ritiene che sia un vantaggio significativo farlo. Il vero vantaggio di giocare a più cartelle di bingo è inferiore al previsto.

Supponiamo, ad esempio, che ci siano 100 carte in gioco. Se giochi cinque carte bingo invece di una singola carta, le tue probabilità vanno da 1 su 100 a 5 su 100. Nota, tuttavia, anche il costo del gioco è aumentato di cinque volte, quindi stai investendo i tuoi soldi scommettendo cinque volte più velocemente e in ogni round di bingo, è ancora probabile che tu perda 95 volte su 100.

La realtà è che, non importa quante carte giochi, il vantaggio della casa rimane costante.

Mito: il problema del gioco d'azzardo non riguarda i bambini.

Fatto: La ricerca spettacolo s che circa il 10% al 15% di americani e gli adolescenti canadesi hanno incontrato problemi di gioco d'azzardo-correlati e l'1% al 6% di quegli individui che soddisfano i criteri diagnostici per il gioco d'azzardo patologico. In effetti, è stato dimostrato che i bambini di giocatori problematici corrono un rischio maggiore di sviluppare abitudini legate alla salute. Comprende l'uso di droghe e alcol, problemi con il gioco d'azzardo, disturbi alimentari, depressione e suicidio.

Mito: i partner dei giocatori problematici spesso spingono i giocatori problematici a giocare.

Fatto: i giocatori problematici sono in grado di trovare modi per semplificare il loro gioco. Incolpare gli altri è un modo per evitare di assumersi la responsabilità delle azioni, anche dei passaggi necessari per superare il problema del gioco d'azzardo.

Mito: le questioni finanziarie sono la ragione principale per cui le relazioni dei giocatori problematici si interrompono.

Fatto: è vero che le questioni di denaro giocano un ruolo importante nel porre fine ai matrimoni, ma molti partner che non giocano d'azzardo affermano che la causa principale sono le bugie e la mancanza di fiducia.

Mito: i genitori dei giocatori problematici sono da biasimare per le azioni dei loro figli.

Fatto: la maggior parte dei genitori dei giocatori d'azzardo si sentono feriti e in colpa per le azioni di gioco dei loro figli e non devono accettare la responsabilità.

Mito: se un giocatore problematico crea un debito, la cosa importante da fare è aiutarlo a uscire il prima possibile dal problema finanziario.

Fatto: le strategie di correzione rapida sono spesso interessanti per tutti coloro che sono coinvolti e possono sembrare la cosa giusta da fare, dal momento che "liberare" il giocatore dal debito può effettivamente peggiorare le cose consentendo alle questioni di gioco di continuare.

Mito: è facile riconoscere il problema del gioco d'azzardo.

Fatto: la dipendenza segreta era chiamata gioco d'azzardo problematico. È molto facile da nascondere perché, a differenza dell'uso di alcol e droghe, ha effetti poco evidenti. La maggior parte dei giocatori problematici non sa di avere un problema con il gioco d'azzardo. Anche i giocatori problematici si dedicano all'abnegazione.

Possibilità, miti e prove

Quali sono le tue possibilità? Le probabilità sono contro di te! Sai che le probabilità sono di vincere effettivamente se giochi per avere la possibilità di vincere soldi? Le probabilità contro il giocatore sono chiaramente impilate, cioè dovresti sempre aspettarti di perdere.

Le probabilità sono contro il giocatore in ogni gioco di scommesse. Molte persone potrebbero non rendersi conto della vera probabilità delle statistiche che garantiranno di perdere denaro nel tempo.

Ricorda:

• Le possibilità sono sempre contro il meglio

• La "casa" ha sempre il vantaggio, il "vantaggio"

'• Più giochi, più spesso perdi che vinci.

Ci si aspetta che le possibilità di vincita sulle slot "Pokies" paghino meno di quanto ci hai inserito, quindi perderai le probabilità. Per caso, le macchine da poker sono completamente influenzate, ovvero non c'è modo di sapere quale sarà il risultato. Più giochi su una macchina da poker, più è probabile che tu perda.

Il vincitore è sempre la macchina da poker. Mito: "So che se premo il pulsante sulla console al momento giusto, posso fermare i rulli con una potente combinazione" Fatto: le macchine da gioco utilizzano un software che esegue un Random Number Generator (RNG). Il RNG scorre continuamente attraverso i numeri. L'RNG seleziona una combinazione a caso in quel microsecondo specificato quando si preme il pulsante di riproduzione. Dopo questa stampa iniziale, qualsiasi cosa tu faccia non avrà alcun impatto sul risultato del gioco.

Mito: "L'individuo che ha giocato al gioco dopo aver vinto alla grande avrei dovuto continuare a giocare perché quella vittoria era mia" Fatto: qualsiasi combinazione creata dalla macchina da gioco è completamente casuale. Ciò significa che non puoi prevedere la prossima combinazione vincente su una console. Quella rotazione è un evento casuale che non ha alcun impatto su ciò che è accaduto o sta per accadere prima.

Mito: "La mia macchina da gioco non ha pagato per un po ', quindi è dovuto alla vittoria" Fatto: il risultato di un gioco è casuale e imprevedibile. Puoi vincere il giro successivo o perdere quello successivo. È completamente casuale.

Mito: "Quando scommetti secondo un determinato schema, hai maggiori probabilità di vincere" Fatto: il risultato di ogni partita è completamente casuale.

Mito: "Quando incasso dopo ogni vittoria, le mie possibilità di vincita migliorano" Fatto: un giocatore che incassa dopo ogni vittoria ha le stesse possibilità di vincere di un giocatore che non incassa. Incassare non influisce sul risultato del gioco.

Mito: "Alcune macchine da poker sono più fortunate di altre" Fatto: la macchina da poker è solo un computer programmato per produrre risultati casuali.

Mito: "Le macchine da gioco sembrano pagare più o più spesso in determinati momenti della giornata" Fatto: il risultato di tutti i giochi è casuale. Le combinazioni che vincono o perdono non sono correlate con orologi o calendari.

Prospettive di vincita su alcune forme di gioco d'azzardo in Australia Meridionale • Macchine da poker che vincono 5 rinoceronti neri su rinoceronti neri (primo premio) (scommessa di 1 $ per linea) Possibilità di vincita-1 su 9.765.625 • Prima divisione vincente del Lotto (1 partita) Possibilità di vincita 1 su 8.145.060 • Oz Lotto Winning First Division (giocando 1 partita) Possibilità di vittoria-1 su 45.379.620 • Powerball Winning First Division (giocando 1 partita)

Probabilità di vincita rispetto ad attività non correlate al gioco d'azzardo

• Possibilità di soffrire di depressione nella tua vita ^ -1 su 7 persone

• Possibilità di avere malattie mentali ogni anno, se sei un giovane australiano, 1 persona su 4

• Matrimonio che termina con il divorzio-1 in 2,3 matrimoni

• Possibilità che un uomo diventi calvo - 3 uomini su 4

• Morte per malattie cardiache: 1 persona su 4

• Ti hanno rubato la macchina: 1 persona su 4

• Ho elencato 20 dei miti del gioco d'azzardo più popolari e affascinanti, ma senza troppi sforzi, puoi diventare in grado di tirarne fuori un elenco di altri 20.

Sebbene interrompere il gioco d'azzardo possa sembrare impotente, ci sono molte cose che puoi fare per risolvere il problema, ripristinare le tue relazioni e le tue finanze e alla fine riprendere il controllo della tua vita.

La psicologia del giocatore Il gioco d'azzardo è una tendenza sociale interessante e sono state condotte ricerche approfondite su come l'attività del gioco d'azzardo è influenzata dai processi psicologici. Ecco alcuni interessanti fenomeni del gioco d'azzardo.

Uno studio recente ha trovato un legame tra le cose che causano uno stato d'animo positivo (numero di giorni di sole; successo delle squadre sportive locali) e un aumento del gioco d'azzardo. La teoria era che più l'assunzione di rischi trae vantaggio da uno stato d'animo positivo.

L'errore del giocatore Quindi, quando 7 numeri neri escono di fila, un giocatore di roulette guarda, quindi mette tutti i suoi soldi sul rosso. Questo ben noto processo psicologico è chiamato errore del giocatore ed è la convinzione errata che un evento particolare sia inevitabile se un evento si verifica frequentemente. In effetti, ci sono sempre le stesse possibilità che si verifichi un evento particolare.

Cambiando le aspettative di vittoria, in un test intelligente, agli scommettitori in pista è stato chiesto di misurare le possibilità di vincere il loro cavallo preferito prima e dopo le scommesse sul cavallo. I giocatori d'azzardo sembravano presumere che i loro cavalli avessero maggiori possibilità di vincere dopo aver effettuato le loro scommesse rispetto a prima. Eravamo più ottimisti a causa del maggiore impegno.

Se i jackpot della lotteria raggiungono livelli record e attirano molta attenzione dei media, c'è una frenesia nell'acquisto di biglietti quando le persone decidono di non voler essere lasciate fuori dal giro. Anche le persone che non hanno mai giocato alla lotteria prima in questi orari "salteranno sul carro del vincitore" e acquisteranno dei biglietti.

Per sua stessa natura, strutture di gioco e superstizioni Il gioco d'azzardo è un evento casuale. Tuttavia, molti giocatori d'azzardo credono fermamente di poter costruire uno schema di gioco vincente. Si tratta di cercare di prevedere le tendenze in numeri casuali (non ce ne sono), scegliere slot machine "calde" ed evitare quelle "fredde" (ad esempio, continuare a giocare a una macchina perché è "calda"; giocare a una macchina che non ha dato i suoi frutti in da molto tempo, credendo che sia "dovuto"), o eseguendo qualche attività rituale per continuare a vincere (conosco diversi giocatori d'azzardo che hanno colpito le slot machine con uno redditizio).

Il gioco d'azzardo può creare dipendenza, come sapete, e spesso questi processi psicologici lavorano per intensificare la dipendenza. Studi di neuroscienza hanno dimostrato che la dipendenza dal gioco d'azzardo ha molti degli stessi processi neurali di una dipendenza dalle droghe.

Il modo migliore per spezzare la dipendenza dal gioco d'azzardo è abbattere gli errori di gioco e imparare a gestirla. Ci sono molti buoni siti web e hotline, incluso il National Council on Problem Gambling, per aiutare ad affrontare la dipendenza dal gioco.

Il National Council on Welfare (1996) ha analizzato i risultati di otto studi canadesi sulla prevalenza degli adulti nel tentativo di identificare il profilo di un giocatore problematico come descritto da altri studi sul genere maschile. Lo studio ha rilevato una tendenza abbastanza coerente tra maschi, single e di età inferiore ai 30 anni di gioco d'azzardo problematico. I giovani adulti (18-24 anni di età) avevano quasi il doppio delle probabilità di avere problemi di gioco da moderati a gravi nello studio sulla prevalenza dell'Ontario rispetto alla popolazione generale (7% contro 3,8%).

Allo stesso modo, Korn (2000) ha scoperto nel suo studio sugli studi sulla prevalenza che essere bianchi, giovani e avere contemporaneamente abuso di sostanze o malattie mentali mette le persone a maggior rischio di problemi legati al gioco d'azzardo.

Restrizioni finanziarie Nel rapporto NORC (1999), i giocatori problematici avevano maggiori probabilità di ricevere assistenza sociale rispetto ai giocatori non problematici, dichiararono disoccupazione, avevano problemi di malattie mentali, cercarono assistenza sanitaria mentale nell'anno precedente e furono condannati o incarcerati.

Razza, età e contesto genitoriale Volberg e Abbott (1994) hanno scoperto che razza, sesso, storia genitoriale (un genitore con un problema di gioco d'azzardo), stato civile e dimensioni della famiglia erano le variabili che discriminavano maggiormente tra il problema accoppiato-patologico e non classi di problemi.

Fattori emotivi e depressione Una serie di studi ha esplorato direttamente la relazione tra stati emotivi e livelli di gioco (Jacobs, 1986; 1987; Rosental, 1993). Tuttavia, poiché questo lavoro sembra focalizzarsi su progetti trasversali, è difficile stabilire con precisione la sequenza temporale del gioco d'azzardo e vari indicatori emotivi. McCormick et al. (1984) hanno esplorato l'associazione tra influenza diagnosticabile e disturbi del gioco d'azzardo patologici. Il campione era costituito da 50 giocatori d'azzardo patologici ammessi a un programma di trattamento ospedaliero per il gioco d'azzardo. Dello studio complessivo, c'era un disturbo depressivo maggiore in 38 pazienti (76 per cento). Una domanda interessante, come notato dagli autori, è se la depressione crea l'ispirazione per sfuggire a questa sensazione attraverso il gioco d'azzardo o se le perdite del gioco creano depressione. I partecipanti al gruppo di studio non sono stati in grado di riportare in modo affidabile la relazione temporale tra gioco d'azzardo precoce e primi episodi di depressione.

Beaudoin e Cox (1999) hanno esaminato le caratteristiche di 57 adulti in cerca di trattamento per problemi legati al gioco d'azzardo. Circa il 30% del campione in passato ha riferito di aver ricevuto servizi di salute mentale, più di solito per la depressione. Inoltre, il 40% del campione ha riferito che il gioco d'azzardo ha eliminato i sentimenti spiacevoli. Tali risultati suggeriscono che il gioco d'azzardo può servire come strumento per affrontare la depressione per alcune persone. Il gioco d'azzardo patologico è spesso associato ad altri problemi comportamentali, compreso l'abuso di droghe, disturbi dell'umore e disturbi della personalità (Blaszczynsk & Steele, 1998; NORC, 1999).

Co-morbilità-depressione e depressione

Un elemento importante ma complicante nella valutazione della causa di questa condizione è l'insorgenza condivisa di due o più disturbi medici, chiamati comorbilità. Il gioco d'azzardo patologico o problematico è un disturbo particolare che si manifesta da solo o è semplicemente un sintomo di una predisposizione sociale che è alla base di tutte le dipendenze, ereditarie o meno? Recentemente, le estese interviste longitudinali e aperte della Manitoba Addictions Foundation con i clienti del gioco d'azzardo problematico hanno scoperto che, oltre ai sentimenti depressivi, molti giocatori problematici hanno riferito di giocare nei bar e nei casinò per alleviare il loro intenso senso di solitudine. Uno studio di Brown 6 e Conventry (1997) sulle donne con problemi di gioco ha rilevato che le motivazioni del gioco d'azzardo delle donne erano la noia, la depressione e l'isolamento. Trevorrow e Moore (1998) hanno scoperto che le donne che avevano problemi con il gioco d'azzardo erano significativamente più sole (più distanziate) rispetto ai non giocatori e ai giocatori non problematici. I ricercatori concludono che il loro studio è "suggestivo di solitudine (o alienazione) come conseguenza o come fattore di debolezza nel gioco d'azzardo problematico, ma richiederebbe un disegno di ricerca longitudinale per spiegare questa domanda" (Trevorrow e Moore, 1998: 263).

Esperienze di vita avverse Anche i fattori di stress nella vita sono stati descritti come una componente importante nella crescita del problema del gioco d'azzardo. The General Theory of Addictions (Jacobs, 1986) indica che alcuni aspetti della personalità e degli eventi della vita influenzano lo sviluppo dei problemi di gioco. Jacobs sostiene che una storia di esperienze infantili avverse può portare a un gioco d'azzardo eccessivo. Inoltre, alcuni studiosi hanno correlato l'insicurezza psicologica con esperienze negative di inadeguatezza, inferiorità, bassa autostima e rifiuto durante l'infanzia (McCormick et al.,

1987; McCormick et al., 1989). Ricerca di Taber et al. (1987) hanno scoperto che il 23% dei 44 ricoverati in un programma di trattamento del gioco d'azzardo ospedaliero aveva subito un trauma grave durante la vita e un altro 16% aveva riportato un trauma moderatamente grave. Inoltre, quelli con esperienze traumatiche hanno riportato tassi più elevati di abuso di droghe, depressione e ansia rispetto a quelli senza queste esperienze. Fattori sociali Reti di supporto sociale forti o deboli possono migliorare il recupero o la dipendenza dal gioco. La ricerca sulla dipendenza ha scoperto che alcuni dei fattori protettivi contro la dipendenza sono i forti legami familiari o di amicizia e la presenza generale di familiari e amici nella vita della persona colpita (AADAC, 2001). La presente ricerca si aggiunge alla limitata conoscenza disponibile utilizzando un disegno longitudinale per monitorare la salute e regolare il livello dei problemi di gioco d'azzardo nell'arco di un anno. La ricerca offre anche informazioni dettagliate sulla relazione della popolazione generale tra depressione, ansia, isolamento, eventi della vita e livelli di supporto sociale e gioco d'azzardo.

Pattern psicologici e sociali identici Uno studio ha rivelato l'effetto delle influenze psicologiche, sociali e ambientali sui problemi del gioco d'azzardo: influenze / sentimenti psicologici Mancanza di fiducia in se stessi Abuso di droghe Sesso maschile Fattori sociali Rischio familiare.

Fattori ambientali

Sono disponibili luoghi di gioco d'azzardo sui media. Questi fattori hanno contribuito al problema del gioco d'azzardo tra gli studenti delle scuole superiori di Addis Abeba, in Etiopia. Gli studi sul gioco d'azzardo globale mostrano fattori di rischio simili per il gioco d'azzardo problematico, compreso il sesso maschile, i modelli di ricerca del rischio, la bassa autostima, la depressione e l'ideazione di suicidio; fattori sociali come le pressioni dei pari e il gioco d'azzardo dei genitori; e fattori ambientali come gli annunci di giochi a distanza sono risultati positivamente correlati con lo spettro di giochi a distanza problematico.

Inoltre, lo studio ha esplorato vari tipi di adolescenti impegnati in attività di gioco d'azzardo. I risultati della ricerca hanno rivelato che le carte da gioco, il lancio di monete, il gioco d'azzardo in biliardo e la PlayStation sono i tipi di gioco d'azzardo più giocati tra gli studenti delle scuole superiori, mentre il gioco d'azzardo su Internet è uno dei meno registrati. Nella loro analisi del gioco d'azzardo degli adolescenti nell'Australian Capital Territory (ACT) di studenti di età compresa tra 7 e 12 anni, Delfabbro et al. (2005) hanno rivelato che i giochi di carte private (39,8%) e il bingo / gratta e vinci (40,5%) erano le attività di gioco d'azzardo più comunemente riportate, mentre erano comuni anche le scommesse su corse e eventi sportivi (32% e 26% rispettivamente). In qualche altro studio condotto tra molti adolescenti dell'Oregon (Carlson e

Moore, 1998), l'acquisto di biglietti della lotteria (41%) è stata la pratica di gioco più citata, seguita dalle scommesse sugli sport di amici o parenti (32%); giocare a carte (31%) e scommettere su giochi di abilità come il biliardo o il bowling (25%).

Fattori di dipendenza da gioco d'azzardo adolescenziale: un approccio bio-psicosociale La dipendenza da gioco d'azzardo adolescenziale è stata spesso definita "dipendenza segreta" perché:

• Nessun segno o sintomo visibile come altre dipendenze (ad esempio, alcolismo, dipendenza da eroina, ecc.)

• La scarsità di denaro e i debiti possono essere facilmente spiegati in una società materialista

• I giocatori d'azzardo adolescenti non si sentono dipendenti.

Le dipendenze sono sempre il prodotto dell'esperienza e dell'interazione tra molte variabili, inclusa la predisposizione biologica e / o genetica dell'individuo, il suo stato psicologico, il suo ambiente sociale e la natura stessa del comportamento. Il gioco d'azzardo non è una tendenza unica, ma un fenomeno multiforme. Di conseguenza, in molti modi ea diversi livelli di studio (ad es. Biologico, sociale o psicologico), possono entrare in gioco diversi fattori. Al centro della nuova teoria è che nessun singolo grado di studio è considerato adeguato per chiarire l'eziologia o il mantenimento del comportamento di gioco. Inoltre, questa visione afferma che tutto il lavoro è legato al contesto e dovrebbe essere esaminato da un punto di vista misto o psicosociale.

Le variazioni negli atteggiamenti e nelle caratteristiche dei giocatori e nei comportamenti di gioco stessi indicano che è improbabile che i risultati in un contesto siano importanti o veri in un altro.

Struttura delle attività di gioco La struttura delle attività di gioco è un altro fattore chiave per comprendere l'attività di gioco. È stato dimostrato che i comportamenti di gioco d'azzardo variano in modo significativo nelle loro caratteristiche strutturali come la probabilità di vincita, la quantità di partecipazione del giocatore, l'uso di vincite ravvicinate, la quantità di abilità che può essere applicata, la durata del periodo di risultato della puntata e l'entità delle possibili vittorie. Le variazioni strutturali si trovano anche in alcuni gruppi di attività come le slot machine, dove discrepanze nella frequenza del rinforzo, nei colori, negli effetti sonori e nelle caratteristiche delle macchine possono influenzare in modo significativo l'usabilità e l'attrattiva della macchina. Ciascuna di queste caratteristiche strutturali (e quasi certamente lo fa) ha conseguenze per le motivazioni dei giocatori e per le possibili abitudini di gioco "in modo" dipendente ".

Durata La durata del gioco è un altro aspetto strutturale essenziale del gioco d'azzardo, vale a dire la lunghezza dell'intervallo tra puntata e risultato. È stato riscontrato che comportamenti continui (p. Es., Ciclismo, slot machine e giochi da casinò) con un tasso di gioco più elevato hanno maggiori probabilità di essere correlati a problemi di gioco in quasi tutti gli studi. In brevi periodi di tempo, la possibilità di effettuare puntate regolari aumenta la quantità di denaro che potrebbe essere persa e aumenta anche la probabilità che i giocatori d'azzardo non siano in grado di controllare la spesa. Questi problemi si riscontrano raramente in operazioni non continue, come lotterie settimanali o bisettimanali, dove il gioco d'azzardo avviene con minore regolarità e i risultati sono spesso incerti per giorni. Pertanto, è significativo riconoscere che se le operazioni estese sono continue anziché non continue, l'effetto sociale ed economico complessivo della crescita dell'industria del gioco d'azzardo sarà significativamente maggiore. Altri fattori strutturali e dimensioni riportati nella letteratura generale sul gioco d'azzardo (esterni alla persona stessa) includono:

• Dimensione della posta in gioco (inclusi problemi di accessibilità economica, valore percepito del denaro)

• Frequenza degli eventi (ovvero, l'intervallo di tempo tra ogni partita)

Quantità di denaro guadagnato in un determinato periodo di tempo (importante nella caccia); sistemi di ricompensa (ad esempio, numero e importo dei premi)

• Probabilità di vincere 1 su 14 milioni su una lotteria 6/49

• Jackpot di oltre £ 1 milione su una lotteria

• Elementi di abilità e pseudo-abilità reali o percepiti

• Opportunità "Near Miss" (numero di posizioni quasi vincenti)

• Luce e effetti di luce (ad es. U.

Ciascuna di queste discrepanze può avere conseguenze per le motivazioni di un giocatore adolescente e l'impatto sociale del gioco di conseguenza. Va notato, ma che molte di queste caratteristiche strutturali che causano il gioco d'azzardo dipendono da singoli fattori come predisposizioni biologiche / genetiche e fattori di personalità.

Caratteristiche situazionali

Le caratteristiche situazionali dei comportamenti di gioco sono altri aspetti fondamentali per comprendere l'attività di gioco. Questi sono i fattori che spesso rendono il gioco in primo luogo più semplice e incoraggiante le persone. Le caratteristiche situazionali sono principalmente caratteristiche ambientali (ad esempio, fattori di accessibilità come l'ubicazione del luogo di gioco, il numero di luoghi in un'area specifica e potenziali requisiti di iscrizione) ma possono anche includere caratteristiche interne del luogo stesso (decorazione, riscaldamento, illuminazione, colore, musica di sottofondo, disposizione dei piani, punti di ristoro) o fattori incoraggianti che possono essere rilevanti per la situazione. Sia nella decisione iniziale di giocare che nel mantenimento delle azioni, queste variabili possono essere significative. Sebbene si presume che molte di queste caratteristiche situazionali influenzino i giocatori suscettibili, è stato fatto pochissimo lavoro empirico su questi fattori e sono necessarie ulteriori ricerche prima di poter trarre conclusioni conclusive sull'effetto diretto o indiretto sull'attività di gioco e se gli individui vulnerabili sono più probabile che sia influenzato da questi tipi specifici di ma

Una conseguenza del recente aumento della ricerca sul gioco d'azzardo negli adolescenti è che ora possiamo iniziare a mettere insieme un "modello dei fattori di rischio" di quegli individui che potrebbero essere a maggior rischio di sviluppare tendenze di gioco che creano dipendenza. Un certo numero di fattori di rischio specifici compaiono nella creazione del gioco d'azzardo adolescenziale problematico sulla base della descrizione precedente e dei riassunti della letteratura di ricerca empirica. I giocatori d'azzardo problematici adolescenti hanno maggiori probabilità di:

• Essere maschio (16-25 anni di età)

• Hanno iniziato a giocare d'azzardo in tenera età (a partire dagli 8 anni di età)

• Hanno avuto una vittoria importante in precedenza nella loro carriera di gioco d'azzardo

• Inseguire costantemente le perdite

• Hanno iniziato a giocare d'azzardo con o da soli con i propri genitori

• Sii ansioso prima di giocare

• Sii nervoso ed eccitato durante il gioco

• Essere irrazionale (ovvero avere percezioni errate)

Questo elenco non è esaustivo ma include ciò che è noto empiricamente e aneddoticamente sul gioco d'azzardo per questioni adolescenziali. Inoltre, si ritiene che molti dei fattori di rischio coinvolti nel gioco d'azzardo problematico degli adolescenti siano molto vicini ai fattori di rischio coinvolti nell'abuso di droghe da parte degli adolescenti (ad esempio, storia familiare, bassa autostima, depressione, storia di abuso, ecc.).

Sebbene un cambiamento di personalità sia stato registrato nei giovani giocatori d'azzardo, molti genitori possono attribuire il cambiamento all'adolescenza stessa (cioè, comportamento evasivo, sbalzi d' umore, ecc. Sono comunemente associati all'adolescenza). Questo accade abbastanza spesso che, una volta che il figlio o la figlia ha problemi con la polizia, molti genitori non sanno nemmeno di avere un problema. Ci sono una serie di possibili segnali di allarme da tenere d'occhio, sebbene molti di questi sintomi possano essere attribuiti alla pubertà su base individuale. Tuttavia, se alcuni di essi si rivolgono a un bambino o un adolescente, potrebbero avere un problema con il gioco d'azzardo. I sintomi includono:

Un improvviso calo della qualità dei compiti scolastici

• Uscire ogni sera ed essere evasivi su dove si trovavano

• Cambiamenti di umore come essere cupi, lunatici o sempre sulla difensiva • Soldi mancanti da casa

• Vendere cose costose e non essere in grado di rendere conto del denaro

• Perdita di interesse per gli hobby che amavano

• Mancanza di concentrazione

CAPITOLO 4: Gioco d'azzardo problematico e compulsivo: segni, sintomi e cause e disturbo del controllo degli impulsi

Il gioco d'azzardo è un divertimento innocuo per molte persone, ma può trasformarsi in un problema. Questa forma di comportamento compulsivo viene spesso definita "gioco d'azzardo problematico". Un problema di gioco d'azzardo è una dipendenza progressiva che può avere molti effetti psicologici, fisici e sociali negativi. È nel Manuale diagnostico e statistico dell'American Psychiatric Association (APA), quinta edizione (DSM-5). Il benessere psicologico e fisico è dannoso per il gioco d'azzardo problematico. Le persone che vivono con questa dipendenza possono sperimentare depressione, emicrania, nausea, disturbi intestinali e altri problemi associati all'ansia. Gli effetti del gioco d'azzardo, come con altre dipendenze, possono portare a sentimenti di delusione e disperazione. In alcuni casi, ciò può portare a tentativi di suicidio.

La dipendenza dal gioco d'azzardo è diventata un importante problema di salute pubblica in molti paesi a causa delle sue conseguenze dannose.

La dipendenza dal gioco è un problema di salute psicologica noto per essere uno dei tanti tipi di problemi di controllo degli impulsi e molte somiglianze con il disturbo ossessivo di personalità. Tuttavia, ora è noto essere più comune ad altri disturbi da dipendenza. Le forme di gioco d'azzardo che potrebbero coinvolgere le persone con questa condizione sono complesse quanto i giochi disponibili. Scommettere sul calcio, acquistare biglietti della lotteria, giocare a poker, slot machine o roulette sono solo alcune delle abitudini dei giocatori compulsivi. Anche il luogo di scelta per le persone con una dipendenza dal gioco d'azzardo varia. Sebbene molti preferiscano il gioco d'azzardo in un casinò, con il crescente uso di Internet, il tasso di dipendenza dal gioco online / Internet continua a crescere. Al contrario, alcuni giocatori compulsivi possono anche fare investimenti rischiosi nel mercato azionario. La dipendenza dal gioco d'azzardo è nota come gioco d'azzardo compulsivo o gioco d'azzardo patologico.

Problema Il gioco d'azzardo come dipendenza è una condizione paralizzante che causa depressione e ansia.

La sensazione del gioco d'azzardo equivale a prendere una droga o bere un drink per qualcuno con una dipendenza dal gioco. Il comportamento di gioco cambia l'umore e lo stato d'animo della persona. Continuiamo a ripetere il comportamento mentre l'individuo si abitua a questa sensazione, cercando di ottenere lo stesso effetto.

Ad esempio, l'individuo inizia a sviluppare la tolleranza in altre dipendenze, l'alcol. Lo stesso "ronzio" richiede una quantità crescente di alcol. Un adulto che è dipendente dal gioco d'azzardo vuole giocare di più per ottenere lo stesso sballo. In alcuni casi "inseguono" le loro perdite, sperando di poter riconquistare i soldi persi se continuano a giocare d'azzardo. C'è un circolo vizioso e un maggiore desiderio di attività. La forza per evitare diminuisce allo stesso tempo. La capacità di controllare la voglia di giocare si indebolisce quando il desiderio aumenta di intensità e frequenza.

Questo può avere un impatto professionale, politico, fisico, sociale o psicologico. Né la frequenza del gioco né l'importo perso decideranno se il gioco è un problema individuale. Molte persone si dedicano piuttosto che frequentemente alle abbuffate quotidiane di gioco, ma le conseguenze emotive e finanziarie saranno le stesse. Il gioco d'azzardo diventa un problema ogni volta che l'individuo non è più in grado di smettere di farlo e provoca un effetto negativo su qualsiasi area della vita dell'individuo.

Prova statistica Le stime del numero di persone che giocano socialmente e si qualificano per una diagnosi di dipendenza dal gioco d'azzardo variano dal 2% al 3%, con un impatto su milioni di persone solo negli Stati Uniti. Altre statistiche importanti sul gioco d'azzardo problematico includono che tende ad avere un impatto internazionale su almeno l'1% delle persone. In effetti, gli adolescenti tendono a soffrire di questa condizione il doppio degli adulti.

Anche se si pensa che più uomini che donne soffrano di gioco d'azzardo patologico, le donne stanno sviluppando questo disturbo a tassi più alti, rappresentando ora fino al 25% degli individui con gioco d'azzardo patologico. Altre statistiche sul gioco compulsivo dicono che durante la prima adolescenza gli uomini tendono a sviluppare questo disturbo, mentre le donne tendono a svilupparlo più tardi. Poi, però, il disturbo delle donne tende a peggiorare a un ritmo molto più rapido rispetto agli uomini. Molte disparità di dipendenza dal gioco d'azzardo apparentemente basate sul genere includono la tendenza degli uomini ad essere dipendenti da tipi di gioco più relazionali, come blackjack, craps o poker, mentre le donne tendono a partecipare a scommesse meno interpersonali, come le slot machine o il bingo. Gli uomini con gioco d'azzardo patologico tendono a ricevere consigli meno spesso rispetto alle loro controparti femminili su questioni diverse dal gioco d'azzardo. Il gioco d'azzardo problematico generalmente coinvolge il gioco d'azzardo che coinvolge più di un sintomo ma meno dei cinque o più sintomi richiesti per qualificarsi per la diagnosi di gioco d'azzardo compulsivo o patologico. Il gioco d'azzardo incontrollato è un sottotipo di gioco d'azzardo compulsivo che comporta problemi di gioco, ma solo per determinati periodi di tempo. Questo è diverso da una dipendenza generale dal gioco d'azzardo, che sembra includere un'attività di gioco eccessiva regolarmente e includere pensieri ricorrenti (preoccupazione) sul gioco d'azzardo, anche quando l'individuo non è coinvolto nel gioco d'azzardo.

Ricerca scientifica e biologica su fattori ossessivo-compulsivi e gioco d'azzardo patologico in uno studio italiano L'attività di gioco tende a essere ripetitiva e difficile da evitare e sembra essere diretta a neutralizzare o minimizzare sentimenti negativi come ansia e stress, indicando le sue somiglianze con l'ossessivo- continuum compulsivo.

Sulla base delle abitudini di gioco e degli atteggiamenti ossessivo-compulsivi, è stato valutato uno studio su 300 soggetti italiani. Il test si è svolto in piccoli centri in Italia, principalmente nei caffè e nei negozi di sigarette dove si trovano le slot machine, utilizzando il South Oaks Gambling Screen (SOGS) e il MOCQ-R, una versione abbreviata del Maudsley Obsessional-Compulsive Questionnaire.

Un'associazione negativa tra SOGS e MOPQ-R è stata osservata nella maggior parte dei soggetti testati rispetto alle sottoscale di controllo e pulizia. Entrambi gli strumenti che hanno valutato hanno dimostrato affidabilità e una forte capacità di finalità discriminatorie.

Lo studio ha dimostrato che il gruppo di giocatori da noi studiato non apparteneva al campo dei disturbi ossessivo-compulsivi, confermando la validità del modello DSM-5 per la classificazione PG. Risultati simili riflettono il valore di impegnarsi in terapie simili a quelle utilizzate per le condizioni di consumo di droghe.

4.1 Gioco d'azzardo patologico

È definito come un modello disadattivo e ricorrente di comportamenti di gioco d'azzardo che persiste nonostante i significativi effetti negativi sugli individui, sul loro lavoro e sulle loro famiglie. Questa condotta distruttiva è spesso associata a maggiori problemi psicologici, legali e finanziari. La prevalenza di questa attività sociale in Italia è in aumento in quanto è stato stimato che almeno una volta all'anno il 54 per cento della popolazione adulta italiana (tra i 18 ei 74 anni) gioca d'azzardo. Ci sono quasi 30 milioni di giocatori d'azzardo suddivisi in diverse categorie di sport e in quattro anni l'uso del denaro per giochi, scommesse e lotterie è passato da 6.000 milioni di euro a 17.000 milioni di euro.

Per gli adolescenti è stata identificata anche la PG, che presenta importanti questioni di prevenzione. Il DSM-5 attualmente include il PG nella categoria dei disturbi da dipendenza: è indicato come disturbo da gioco d'azzardo (GD) ed è l'unica nuova dipendenza inclusa, essendo l'unica "senza droga". La GD ha molti parallelismi con i disturbi da uso di sostanze (SUD), come la graduale perdita di controllo sul comportamento, il desiderio di uno stato euforico o "forte", dipendenza, resistenza e sintomi di astinenza. Spesso sono state identificate le basi biologiche del PG, che è uno dei motivi della sua inclusione nella porzione di dipendenza dal DSM-5.

Il PG ha anche molti parallelismi con il disturbo ossessivo-compulsivo (DOC), ma non per questo meno significativi. Tuttavia, fino a quando il nuovo manuale non è stato scritto, la discussione su come classificare il PG, sia come disturbo da dipendenza che come disturbo dello spettro ossessivo-compulsivo, è rimasta aperta.

Alcuni studiosi hanno sviluppato l'idea dei disturbi correlati ossessivo-compulsivi nei primi anni '90 e si sono applicati a una classe di condizioni che condividono somiglianze con il disturbo ossessivo compulsivo. OCD è la forma del disturbo compulsivo. Le ossessioni sono definite come pensieri ricorrenti e persistenti, percepiti come invadenti dal soggetto. I comportamenti compulsivi sono definiti come azioni dirette a un obiettivo che sono ripetitive, rigide e stereotipate; gli individui si riferiscono all'essere spinti a eseguirli per evitare o ridurre gli effetti negativi percepiti. Il problema del gioco d'azzardo descritto nel DSM-5 assomiglia ai pensieri ossessivi che di solito si trovano nei pazienti affetti da DOC; inoltre, l'attività di gioco d'azzardo tende ad essere ripetitiva e difficile da evitare e sembra essere diretta a neutralizzare o ridurre al minimo gli stati d'animo negativi come ansia e stress, indicando ancora parallelismi con il disturbo ossessivo compulsivo.

È stato proposto che la compulsività da dipendenza derivi da una disregolazione di particolari elementi neurochimici coinvolti nei sistemi di ricompensa e stress cerebrale. Il meccanismo allostatico tra la perdita della funzione di ricompensa e la sostituzione del sistema di stress cerebrale fornisce una base potente per la creazione di stati negativi che portano a comportamenti compulsivi (ricompensa negativa).

Una teoria suggerisce di includere il fattore anedonia del comportamento compulsivo. La perdita della capacità edonica, che potrebbe portare a un disturbo neuropsicologico sottostante, può essere cruciale nel decidere la partecipazione a episodi di gioco regolari e prolungati, che, date le conseguenze negative, riflettono uno sforzo compensatorio per controbilanciare l'anedonia cronica. Questa teoria è stata suggerita anche per altre forme di dipendenza.

Da diverse prospettive, è stata studiata la relazione tra disturbo del gioco d'azzardo e disturbo ossessivo-compulsivo. La maggior parte delle ricerche ha a che fare con gli aspetti fenomenologici di questi due disturbi. Diversi pezzi di ricerca es hanno anche confrontato PG e OCD dal punto di vista della personalità, trovando differenze nelle dimensioni della personalità, e sottolineando che i pazienti con PG e OCD condividono profili simili.

Nel 1999, Blaszczynski ha valutato la presenza di ossessioni e compulsioni nei soggetti PG utilizzando l'Inventario di Padova e ha evidenziato esiti specifici dell'ossessività nei giocatori d'azzardo patologici rispetto ai soggetti di controllo. D'altra parte, i risultati non sono stati confermati dallo studio di Won Kim e Grant e altri studi hanno riportato che PG condivide più somiglianze con i SUD che con il DOC. Ulteriori ricerche hanno anche dimostrato che sono presenti altre dimensioni, come la ricerca della novità e l'auto-trascendenza. Inoltre, nel tentativo di integrare le conoscenze nel campo del gioco d'azzardo patologico, una revisione del 2008 ha proposto un nuovo modello teorico di tre sottotipi specifici di PG, che potrebbe essere utile per trovare trattamenti più adatti per i diversi sottotipi. Il sottotipo ossessivo-compulsivo è uno dei tre, diverso dal sottotipo dipendenza e dal sottotipo impulsivo. Gli autori hanno sottolineato che il sottotipo OC coinvolge circa il 20-25% dei giocatori, principalmente donne, che stabiliscono comportamenti di gioco d'azzardo in reazione

a condizioni psicologiche negative, indicando che questo gruppo può rispondere meglio agli antidepressivi, agli SSRI e agli SNRI correlati alla psicoterapia.

Uno studio più nuovo, eseguito su un campione italiano, ha valutato la prevalenza di player dei diversi sottotipi, evidenziando una forte ma non predominante presenza del sottotipo OC nella popolazione campione; i ricercatori hanno anche considerato una possibile combinazione dei diversi sottotipi, indicando l'efficacia dei diversi trattamenti per ciascuno di essi. La differenziazione in sottotipi, come precedentemente descritto in altre ricerche, è probabilmente il modo giusto per valutare la dipendenza dalla droga.

4.2 Segni e sintomi della dipendenza dal gioco

La dipendenza dal gioco è una forma del disturbo del controllo degli impulsi in cui hai poco o nessun controllo sulla tua coazione al gioco, anche se sei consapevole che le tue azioni danneggeranno te e gli altri e anche se le probabilità sono contro di te.

Spesso c'è un problema di fondo che ti fa continuare a giocare. Gli esempi possono includere stress causato da problemi legati al lavoro, problemi di relazione irrisolti, abuso di droghe o alcol, o un tipo di evasione dal lutto o qualsiasi momento emotivo difficile della tua vita.

All'inizio, comprendiamo che all'inizio può essere difficile riconoscere di avere un problema con il gioco d'azzardo e cercare aiuto. Sia che tu abbia perso una notevole quantità di denaro su una scommessa o per un periodo di tempo, la tua dipendenza dal gioco d'azzardo può essere corretta indipendentemente dalla gravità della tua abitudine.

Sentire un bisogno incessante di giocare anche in una situazione finanziaria difficile, o il gioco d'azzardo come via d'uscita dai problemi finanziari sono entrambi sintomi comuni della dipendenza dal gioco. La dipendenza dal gioco può anche causare problemi nelle relazioni e sul lavoro, mentre il costo del finanziamento di una dipendenza dal gioco può diventare sia un enorme fardello che una pressione emotiva.

I sintomi emotivi del gioco d'azzardo eccessivo innescano anche una varietà di sintomi emotivi, tra cui ansia, depressione e persino pensieri e impulsi suicidi. Tali sentimenti possono portare un giocatore in situazioni estreme a tentare effettivamente di porre fine alla propria vita. Perdere tutto al gioco d'azzardo è devastante e lascia molte persone impotenti. Poiché il gioco d'azzardo può causare depressione, ansia e comportamenti autolesionistici, ci sono diversi segni fisici di essere identificati. La depressione e l'ansia spesso contribuiscono alla mancanza di sonno, che sotto gli occhi può portare a pallore della pelle, aumento o perdita di peso, acne e occhiaie.

4.3 Cause e fattori di rischio per la dipendenza dal gioco

È fondamentale capire che generalmente non esiste una causa specifica per il gioco d'azzardo patologico quando si considera il motivo per cui le persone giocano. Diversi potenziali esempi includono la scoperta che al fine di sviluppare disturbi del controllo degli impulsi come il gioco d'azzardo compulsivo, lo shopping o comportamenti sessuali compulsivi, sono stati osservati diversi individui trattati con farmaci per curare il morbo di Parkinson o la sindrome delle gambe senza riposo. La spiegazione di questa relazione include l'aumento dell'attività nel cervello del messaggero chimico dopamina. Un esempio che il gioco d'azzardo compulsivo può avere una sola causa è il disturbo bipolare a causa di spese esorbitanti, incluso il gioco d'azzardo compulsivo, forse un sintomo di mania che fa parte del disturbo bipolare.

Molto più in generale, la dipendenza dal gioco è descritta come il risultato di una combinazione di fattori biologici, modi di pensare e fattori di stress sociali (modello bio-psicosociale), come la maggior parte degli altri disturbi emotivi. Tuttavia, ci sono elementi che rendono la persona più propensa a sviluppare una dipendenza dal gioco. Schizofrenia, problemi di umore, antisociali, alcol e disturbi della personalità o uso di droghe sono fattori di rischio per lo sviluppo del gioco d'azzardo patologico. Si ritiene che anche gli individui con bassi livelli di serotonina nel cervello siano a maggior rischio rispetto ad altri di sviluppare giochi d'azzardo patologici.

Le persone che soffrono di gioco d'azzardo compulsivo tendono ad essere alla ricerca di eccitazione, si sentono disconnesse (dissociate), felici o eccitate mentre giocano ai videogiochi o giocano. La ricerca mostra anche che le persone con problemi di soldi all'inizio del gioco guadagnano una grande quantità di denaro, subiscono una perdita recente (come il divorzio, la perdita del lavoro) o sono sole aumenta il rischio di gioco compulsivo. Facile accesso al gioco d'azzardo (p. Es., Vivere vicino a città con abbondanza di risorse per il gioco d'azzardo, come Las Vegas o Atlantic City), credere di aver scoperto un sistema di gioco vincente e tentare di tenere traccia dei soldi vinti e persi sono molto più rischiosi fattori per il gioco compulsivo.

Cause come catalogate dal DSM-5

lo sviluppo del disturbo del gioco d'azzardo può iniziare nella pubertà o nella giovane età adulta, ma si manifesta nella mezza età o addirittura nell'età adulta in altri individui. Il comportamento di gioco di solito progredisce nel corso degli anni, anche se nelle femmine lo sviluppo tende ad essere più rapido che nei maschi. Molte persone che sviluppano un problema con il gioco d'azzardo mostrano una tendenza al gioco che aumenta gradualmente sia in termini di frequenza che di numero di scommesse. I tipi più miti, ovviamente, si trasformeranno in casi più gravi.

Molte persone con disturbi del gioco d'azzardo affermano che uno o due tipi di gioco d'azzardo sono più fastidiosi per loro, anche se alcune persone sono coinvolte in molte forme di gioco d'azzardo. È probabile che le persone si impegnino più spesso in determinate forme di gioco d'azzardo (acquistando gratta e vinci giornalieri) rispetto ad altre (giocando a slot machine settimanali da casinò o blackjack). La frequenza del gioco può essere più correlata al tipo di gioco che alla natura della condizione di gioco nel suo complesso. L'acquisto di un singolo gratta e vinci ogni giorno, ad esempio, potrebbe non essere fastidioso, mentre i casinò meno regolari, gli sport oi giochi di carte potrebbero far parte di una condizione di gioco d'azzardo. Allo stesso modo, in termini di comportamento di gioco, le somme di denaro spese per le scommesse non sono di per sé. Alcune persone possono scommettere migliaia di dollari al mese e non avere problemi con il gioco d'azzardo, mentre altri possono scommettere importi molto inferiori ma riscontrano notevoli difficoltà legate al gioco.

Le tendenze del gioco possono essere frequenti o episodiche e il disturbo del gioco può essere persistente o in ricaduta. Durante i periodi di stress o depressione e nei periodi di utilizzo o astinenza, il gioco d'azzardo può aumentare. Potrebbero verificarsi periodi di gioco estremi e problemi seri, periodi di completa astinenza e periodi di gioco non problematici. Le remissioni spontanee ea lungo termine sono talvolta associate a malattie legate al gioco d'azzardo. Tuttavia, alcune persone sottovalutano la loro suscettibilità allo sviluppo di un disturbo del gioco d'azzardo o al ritorno a un disturbo del gioco d'azzardo dopo la remissione.

La presentazione precoce del disturbo da gioco d'azzardo è più diffusa tra i maschi che tra le femmine. Le persone che iniziano a giocare con i giovani spesso lo fanno con familiari o amici. La progressione del disturbo del gioco d'azzardo nella prima infanzia sembra essere associata all'impulsività e all'uso improprio di droghe. La maggior parte degli studenti delle scuole superiori e dell'università che sviluppano disturbi del gioco d'azzardo nel tempo maturano fuori condizione, anche se per alcuni rimane un problema per tutta la vita, l' insorgenza del disturbo del gioco d'azzardo a metà e in età avanzata è più comune tra le donne che tra gli uomini.

Il tipo di comportamenti di gioco e i livelli di incidenza della malattia da gioco differiscono per età e sesso. Nelle persone più giovani e di mezza età, il disturbo del gioco d'azzardo è più comune che negli anziani. La malattia è più comune nei maschi rispetto alle femmine tra adolescenti e giovani adulti. I giovani preferiscono diverse forme di gioco d'azzardo (scommesse sportive), mentre gli adulti più anziani hanno maggiori probabilità di sviluppare slot machine e problemi di gioco d'azzardo nel bingo. Sebbene la percentuale di individui che cercano cure per i disturbi del gioco d'azzardo è piccola in tutte le fasce d'età, è particolarmente improbabile che individui più giovani cerchino un trattamento.

I maschi hanno maggiori probabilità di iniziare a giocare presto nella vita e hanno un'età più giovane rispetto alle donne che hanno maggiori probabilità di iniziare a giocare più tardi nella vita e di acquisire disturbi del gioco in un periodo di tempo più breve. Le donne con disturbi del gioco d'azzardo rischiano di affrontare disturbi depressivi, bipolari e d'ansia rispetto ai maschi con disturbi del gioco d'azzardo. Le femmine hanno anche un'età più avanzata all'inizio del disturbo e cercano un trattamento prima, nonostante i bassi tassi di ricerca di cure tra le persone con disturbo da gioco d'azzardo indipendentemente dal sesso.

I segni comuni di dipendenza dal gioco possono essere innescati dallo stress sottostante associato a un periodo stressante della tua vita, che si tratti di un lavoro, di una relazione o di una relazione finanziaria, oltre ad avere una personalità che crea dipendenza incline a comportamenti compulsivi.

Ci sono anche ragioni emotive sottostanti che possono contribuire allo sviluppo e al circolo vizioso del gioco compulsivo, incluso

• Superare l'isolamento sociale visitando negozi di scommesse o casinò

• Sentire una scarica di adrenalina e dopamina come un "buon" rilascio di sostanze chimiche cerebrali

• Emozioni e problemi intorpiditi e scomodi che non possono essere risolti facilmente

• Noia e voglia di passare il tempo

• La perdita di un compagno a causa della dipendenza dal gioco è abbastanza comune a causa delle pressioni e delle sollecitazioni che il problema del gioco d'azzardo impone a una partnership

• Problemi sul posto di lavoro che potrebbero includere un aumento del carico di lavoro, mancanza di lavoro o una generale mancanza di concentrazione che rende difficile completare le attività in modo sufficiente

• Dissimulare la quantità di denaro e il tempo speso per le scommesse familiari, lo stigma che è spesso associato ai problemi di gioco d'azzardo porta a una mancanza di fiducia e spesso a più problemi a casa

Negare di avere un problema con il gioco d'azzardo è una grande preoccupazione poiché il primo passo verso la riabilitazione è riconoscere di avere un problema.

• Problemi con il gioco d'azzardo e perdita di interesse per altri aspetti della vita, come evitare le responsabilità familiari e concentrarsi esclusivamente sui risultati del gioco d'azzardo Il gioco d'azzardo patologico include problemi di gioco cronici e ricorrenti che includono molti dei sintomi elencati che non sono il risultato di un altro problema di salute mentale, come durante un episodio maniacale:

4.4 Trigger

Il gioco d'azzardo può portare a una serie di problemi, ma può accadere a chiunque abbia una dipendenza. Nessuno può dire chi svilupperà una dipendenza dal gioco.

La condotta del gioco d'azzardo diventa un problema quando non può essere regolamentata e interferisce con il lavoro, le relazioni e il luogo di lavoro. La persona potrebbe non sapere per qualche tempo di avere un problema.

Molte persone che creano una dipendenza dal gioco d'azzardo sono considerate individui responsabili e affidabili, ma alcuni fattori possono portare a cambiamenti comportamentali.

Questi possono includere:

• Pensionamento

• Situazioni stressanti

Lavoro-correlato lo stress

• sconvolgimenti emotivi, come depressione o ansia

• isolamento

• Esistenza di altre dipendenze

Fattori ambientali,

Come amici o opportunità disponibili, gli studi hanno suggerito che le persone con una propensione a sviluppare un'altra abitudine. Un ruolo può essere svolto da fattori genetici e neurologici.

Molte persone colpite dal gioco d'azzardo possono anche avere problemi di alcol o droghe, probabilmente a causa di una predisposizione alla dipendenza.

Un certo consumo di alcol era associato a un rischio maggiore di gioco compulsivo.

Possono anche sorgere dipendenze secondarie nel tentativo di ridurre i sentimenti negativi generati dalla dipendenza dal gioco. La maggior parte delle persone che giocano non incontrano mai altre dipendenze, tuttavia.

Ci sono alcuni fattori

Questi includono:

• Depressione, ansia o disturbi della personalità

• Alcune dipendenze, come droghe o alcol

• L' uso di altri farmaci, come farmaci antipsicotici e agonisti della dopamina, correlati a un rischio più elevato di dipendenza dal gioco

• Sesso, è più probabile che colpisca gli uomini rispetto alle donne. Hai bisogno di giocare per l'eccitazione

2 con quantità di denaro crescenti. Irrequietezza o irritabilità durante il tentativo di smettere di giocare

3. Tentativi ripetuti di interrompere, regolare o aumentare il gioco d'azzardo

4 sono stati inefficaci. Pensare sempre a giocare e fare progetti per giocare 5. Gioco d'azzardo 6 quando ti senti depresso. Tornare al gioco d'azzardo dopo aver perso denaro

7. Mentire per nascondere le attività del gioco d'azzardo

8. A causa del gioco d'azzardo 9, di una relazione o di problemi di lavoro. Dipendendo da altri per denaro da spendere nel gioco d'azzardo

Una panoramica dei segni e dei sintomi dà uno sguardo più approfondito ad alcuni dei sintomi sopra descritti: Non puoi fermare coloro che giocano per divertimento limitando se stessi e le loro scommesse. I giocatori compulsivi stanno lottando sia con il loro tempo che con i soldi spesi. Le scommesse prendono il sopravvento sulle loro vite e scommettono continuamente. Stanno cercando di smettere, ma non possono. Stai giocando con soldi che non puoi permetterti di perdere, i giocatori problematici non finiscono con il "denaro divertente" messo da parte per le scommesse. Usano i soldi spesi in tasse, assicurazioni o istruzione per i loro figli. A volte non solo hanno sperperato il loro ultimo centesimo, ma hanno anche preso in prestito denaro.

La psicologa intervistata, Stacy Collins, ha detto che uno dei suoi pazienti aveva preso in prestito denaro così sgradevole da fonti che avrebbe messo a rischio la sicurezza della sua famiglia.

Le tue scommesse vanno oltre i giocatori occasionali che giocano per divertimento e spendono un paio di dollari per divertirsi. Per motivi diversi dal divertimento, i tossicodipendenti scommettono, spesso tentando di sfuggire alla depressione o ad altri problemi. Qualunque sia il problema che affronti, non è la soluzione al gioco d'azzardo.

Cerchi di recuperare le perdite giocando di più. Hai provato più volte a recuperare i soldi scommettendo più di quanto hai perso al gioco? I giocatori problematici vedranno più scommesse come una soluzione di perdita finanziaria di quanto non lo siano: buttare soldi sul problema.

Stai giocando con sempre più soldi come altre dipendenze; può iniziare un piccolo gioco d'azzardo patologico. Eppure i giocatori problematici non saranno felici di mantenere la posta in gioco bassa o di fissare dei limiti. Per sentire la fretta, hanno bisogno di scommettere sempre di più.

I giocatori patologici non smettono di giocare quando il loro conto in banca si esaurisce; fai di tutto per trovare soldi per giocare. Invece, per trovare più soldi, vanno agli estremi. Sebbene questo possa interrompere il prestito, alcuni giocatori problematici usano la frode, la falsificazione o altri crimini per alimentare la loro abitudine.

Prima di questioni più importanti, metti i giocatori con problemi di gioco a lasciare che la loro abitudine dia la priorità ad altre parti della loro vita. Un dipendente dal gioco d'azzardo può saltare la visione della partita di calcio di suo figlio o perdere tempo per andare al casinò al lavoro. Le carriere vengono gettate nel dimenticatoio e le relazioni falliscono a costo della loro abitudine.

Il gioco d'azzardo ha un effetto negativo sulle tue emozioni. Sebbene il gioco d'azzardo possa essere un'esperienza eccitante, i tossicodipendenti possono provare emozioni che indicano un problema, tra cui:

• Frustrazione o delusione quando hai provato a smettere e lottare

• Sentimenti di rimorso

• Un calo della motivazione

• Il desiderio di celebrare un evento inaspettato di gioco d'azzardo. Se pensi di essere dipendente, ci sono passaggi per aiutarti a smettere. La chiave per salvare la tua carriera, le tue relazioni e il tuo conto bancario è agire tempestivamente. Complicazioni e impatti negativi della dipendenza dal gioco Sebbene fino a un terzo delle persone che soffrono di gioco d'azzardo patologico possa riprendersi dalla malattia senza alcun trattamento, il potenziale danno che il gioco compulsivo può causare nella vita del paziente e di coloro che lo circondano indica chiaramente che le potenziali implicazioni positive superano le potenziali complicazioni. Ogni anno negli Stati Uniti vengono spesi fino a 5 miliardi di dollari per il gioco d'azzardo, con persone che sono dipendenti dal gioco che accumulano decine di migliaia di dollari di debiti. Gli effetti negativi che il gioco d'azzardo compulsivo può avere sulla vittima includono problemi finanziari che vanno dal debito elevato, al fallimento o alla privazione, ai problemi legali derivanti dalla frode alla prostituzione, alla lussuria, al tentativo o al suicidio. La maggior parte dei malati di gioco compulsivo sperimenta problemi medici associati allo stress, come insonnia, ulcere gastriche e altri problemi gastrointestinali, mal di testa e dolori muscolari. La dipendenza dal gioco d'azzardo può avere una serie di effetti negativi sulla famiglia. Le statistiche mostrano che le famiglie con individui che giocano compulsivamente hanno maggiori probabilità di subire violenza domestica e abusi sui bambini. I figli di giocatori problematici corrono un rischio significativamente più elevato di depressione, problemi comportamentali e uso improprio di droghe. Uno degli svantaggi della cura compulsiva del gioco d'azzardo è che ben due terzi delle persone che iniziano il trattamento per questa condizione ritardano il trattamento prematuro, sia che includa farmaci, consulenza o entrambi.

Un episodio maniacale non descrive meglio l'attività di gioco d'azzardo.

La dipendenza dal gioco colpisce dall'1 al 3% delle persone di tutte le età, gli uomini più spesso delle donne. Di solito inizia negli uomini e più tardi nelle donne durante la pubertà. Sebbene i casinò e le scommesse sportive siano limitati a pochi stati, c'è stata una proliferazione di altri luoghi di gioco, inclusi i casinò fluviali e indiani, le lotterie statali e nazionali e l'accesso a Internet agli sport offshore e alle scommesse da sala. La connessione è notevolmente aumentata. Gli anziani sono spesso più vulnerabili alle perdite di gioco rispetto ad altri gruppi di età a causa della loro dipendenza da redditi fissi e della ridotta capacità di recupero.

Quelli con comportamenti patologici nel gioco d'azzardo spesso hanno problemi di alcol e altre droghe, depressione e ansia. Anche gli individui con comportamenti patologici nel gioco d'azzardo tengono conto del suicidio.

Gli individui con comportamenti patologici di gioco d'azzardo, inclusi bancarotta, divorzio, perdita del lavoro e periodi di detenzione, sembrano avere problemi personali, sociali e legali. Lo stress del gioco d'azzardo può anche portare ad attacchi di cuore negli individui a rischio. Il giusto trattamento può aiutare a evitare molti di questi problemi.

4.5 Fatti ed effetti della dipendenza dal gioco

• Il gioco compulsivo colpisce il 2% -3% degli americani può coinvolgere una varietà di modi e luoghi per scommettere, ei sintomi possono differire leggermente tra maschi e femmine, nonché tra adulti e adolescenti.

• Mentre gli uomini tendono a sviluppare la dipendenza dal gioco a un tasso più elevato e più giovani delle donne, le donne ora guadagnano più di un quarto di tutti i giocatori compulsivi, ei sintomi delle donne sembrano aumentare più rapidamente una volta che si sviluppa il gioco compulsivo.

• Il problema del gioco d'azzardo coinvolge più di uno ma meno di cinque sintomi di gioco compulsivo rispetto al gioco d'azzardo patologico.

• Sebbene le cause dirette del gioco compulsivo siano insolite, lo sviluppo di questo disturbo è stato associato a episodi maniacali associati al disturbo bipolare e ad alcuni farmaci che trattano il morbo di Parkinson e la sindrome delle gambe senza riposo. Schizofrenia, problemi di umore, disturbo antisociale di personalità, dipendenza da alcol o cocaina sono fattori di rischio per il gioco d'azzardo patologico.

• La diagnosi di gioco d'azzardo compulsivo include il riconoscimento di almeno cinque segni che suggeriscono un controllo degli impulsi di gioco alterato e l'esclusione di qualsiasi potenziale causa di comportamento.

• Come ogni condizione di salute mentale, una diagnosi di successo della dipendenza dal gioco richiede una valutazione fisica e psicologica completa, inclusa una valutazione dello stato mentale e test di laboratorio sufficienti per escludere altre possibili cause dei sintomi osservati.

• La cura del gioco compulsivo in genere utilizza più di un metodo, tra cui psicoterapia, farmaci, consulenza finanziaria, gruppi di supporto, programmi in 12 fasi e auto-aiuto.

• La terapia è positiva per la prognosi di recupero dal gioco compulsivo.

• Sebbene il gioco d'azzardo patologico possa essere superato da solo in molti individui, le conseguenze devastanti che tipicamente ha sullo stato sociale, familiare, legale e di salute mentale della persona suggeriscono che la terapia deve essere gestita da chiunque sia incoraggiato a cercare assistenza per questo condizione.

• Il trattamento del gioco d'azzardo compulsivo generalmente comporta la mitigazione dei fattori di rischio e l'educazione del pubblico sui segnali di pericolo di questa condizione.

Effetti a breve e lungo termine di una dipendenza dal gioco Il **gioco** d'azzardo è associato a molti più effetti a breve e lungo termine. La dipendenza dal gioco d'azzardo porta anche ad altre dipendenze che fungono da meccanismi di coping per le persone sopraffatte dalla pratica. La maggior parte dei giocatori si rivolge a droghe, alcol e altri comportamenti per alleviare l'ansia causata dallo stile di vita del gioco d'azzardo. Anche se un giocatore d'azzardo non subisce mai la rovina finanziaria a causa dello stile di vita, dopo essersi auto-medicato per affrontare lo stress, può lottare con la dipendenza da droghe e alcol per il resto della vita. Spesso, a causa del gioco d'azzardo, le relazioni sono spesso danneggiate in modo permanente.

Verifica o autovalutazione per la dipendenza dal gioco Quando pensi di avere un problema con il gioco, chiediti se staresti bene ora se smettessi di giocare. Se sei nervoso o non dovresti ancora smettere, è probabile che tu soffra di una dipendenza dal gioco. Se non sei sicuro, però, chiama la nostra hotline per parlare con qualcuno che può aiutarti a determinare se hai un problema e hai bisogno di assistenza per il recupero.

CAPITOLO 5: Effetti sulla famiglia e sulle relazioni

5.1 Effetti del gioco d'azzardo problematico sulle famiglie

I partner intimi e altri membri della famiglia, inclusi figli, genitori, fratelli e nonni, sono affetti da problemi di gioco. I problemi del gioco d'azzardo influenzano la vita familiare e le relazioni strette.

Rapporti familiari compromessi, problemi emotivi e difficoltà finanziarie sono alcuni degli impatti più comuni dei problemi di gioco sui membri della famiglia.

Ci sono prove coerenti che i problemi di gioco d'azzardo sono associati alla violenza familiare.

I figli di genitori con problemi di gioco d'azzardo corrono un rischio molto più elevato di sviluppare problemi di gioco rispetto ai figli di genitori senza problemi.

Gli effetti dei problemi di gioco d'azzardo sulle relazioni intime sono stati suddivisi in tre fasi distinte:

(1) La fase di negazione,

(2) La fase di stress e

(3) La fase di esaurimento (Custer & Milt, 1985).

Ricerche recenti indicano che le persone con problemi di gioco d'azzardo hanno relazioni intime che implicano

scarsa comunicazione, relazione e insoddisfazione sessuale, conflitti e disaccordi e la possibilità di separazione o divorzio (Dowling, Smith, & Thomas, 2009; Hodgins, Shead, & Makarchuk, 2007).

Aumento del gioco d'azzardo Domande fatture non pagate Fase di depressione Il coniuge trascorre meno tempo con la famiglia Argomenti Il coniuge si sente rifiutato Tentativi di controllare il gioco Fase di esaurimento Compromissione dell'apprendimento Confusione Sintomi fisici Immobilizzazione Rabbia Ansia e paura hanno un impatto sui bambini quando si sentono rifiutati Molti bambini possono essere trascurati, scoraggiati e frustrato. Potrebbero presumere di aver causato il problema e che il problema si fermerebbe se fossero "sani". Molti bambini si prendono cura di fratelli o sorelle più piccoli o cercano di sostenere i loro genitori. I bambini sono sopraffatti da questo obbligo.

I bambini possono anche sentire che i loro genitori devono schierarsi. Potremmo smettere di fidarci di un genitore che promette di non tenerlo. A scuola, possono rubare al genitore o mettersi nei guai. Molti giovani possono tentare di distogliere l'attenzione dai genitori riguardo al problema del gioco d'azzardo: • Uso di alcol o altre droghe • Gioco d'azzardo • Infrangere la legge. È importante aiutare i bambini a capire che la loro colpa non è il problema della famiglia. È importante che i bambini ritornino a una vita familiare sana e felice ea un'infanzia normale. La consulenza familiare o individuale può aiutare i bambini a superare questi cambiamenti.

Il gioco d'azzardo problematico e le recenti ricerche sul suicidio hanno mostrato una forte connessione tra problemi di gioco e pensieri suicidi: più del doppio del numero di persone affette da problemi di gioco afferma di considerare di togliersi la vita rispetto a chi non è colpito dal gioco.

C'è un limite a quanto il corpo di una persona può sopportare prima di aver bisogno di un intervento medico con altre dipendenze, come droghe o alcol. Il gioco d'azzardo non è così, e spesso per molto tempo una spirale discendente può rimanere incontrollata. Soprattutto se sono coinvolti grandi importi di debito, potrebbe sembrare che non ci siano altre opzioni.

Se sei autolesionista o hai pensieri o sentimenti suicidi, è importante cercare assistenza professionale il prima possibile.

5.2 Impatti sugli ambienti familiari

Oltre i partner intimi.

L'atmosfera familiare delle persone con problemi di gioco d'azzardo è anche caratterizzata da alti livelli di rabbia e confronto, nonché bassi livelli di contatto chiaro ed efficace, meno libertà, meno impegno in attività intellettuali e culturali, mancanza di impegno e incoraggiamento, scarsa espressione diretta di sentimenti e minore partecipazione alle attività sociali (Ciarrocchi e tali dinamiche sociali sono equivalenti alle persone con problemi di alcolismo (Ciarrocchi e Hohmann, 1989).

Inoltre, i bambini legati al gioco d'azzardo sono esposti a una varietà di fattori di stress familiari, inclusa la privazione finanziaria ed emotiva, isolamento fisico, supervisione incoerente, abbandono / abuso e rifiuto dei genitori, modelli di ruolo inadeguati, conflitti familiari e sicurezza e stabilità diminuite (Darbyshire, Oster e Carrig, 2001).

Problemi comuni dei membri della famiglia I problemi comuni relativi al gioco d'azzardo segnalati dai membri della famiglia includono:

• Perdita di denaro familiare o personale

• Argomenti

• Rabbia e violenza

• Bugie e inganni

• Abbandono familiare

• Relazioni trascurate

• Povera comunicazione

• Confusione di ruoli e responsabilità familiari

• Sviluppo di problemi di gioco d'azzardo familiari o altre dipendenze

• Molte persone.

• Le amicizie possono terminare a causa di debiti non pagati

Relazione tra problemi di gioco d'azzardo e violenza domestica

Attualmente esistono prove globali coerenti che le questioni legate al gioco d'azzardo sono più strettamente legate alla violenza del partner intimo (IPV) e alla violenza domestica (Dowling et al., In stampa). Le relazioni sono complesse; tuttavia, le persone con problemi di gioco d'azzardo hanno maggiori probabilità di essere vittime e autori di IPV rispetto alle persone senza problemi di gioco.

L'Organizzazione Mondiale della Sanità (2002) descrive l'IPV come qualsiasi attività che causa danni fisici, psicologici o sessuali a coloro che si trovano in quella relazione all'interno di una relazione intima. Ciò può includere abuso fisico, abuso sessuale, abuso mentale (psicologico) e gestione del comportamento. Secondo una revisione sistematica della ricerca disponibile a livello globale (Dowling et al., Sulla stampa), più di un terzo delle persone con problemi di gioco riferisce di essere vittima di autori fisici di IPV (38%) o IPV (37%). Infatti, l'11% delle vittime di IPV segnala problemi con il gioco d'azzardo. Mentre la maggior parte delle prove si riferisce a relazioni intime, ci sono alcune prove che la vittimizzazione e la perpetrazione della violenza portano ai bambini e ad altri membri della famiglia più ampia (Dowling, Jackson, et al., 2014; Dowling et al., Nella stampa; Suomi et al. ., 2013). Secondo la revisione sistematica, oltre la metà delle persone con problemi di gioco (56%) riferisce di violenza fisica contro i propri figli (Dowling et al., In stampa). Inoltre, diversi recenti studi australiani hanno rilevato che tra un terzo e la metà (34-53%) delle persone con problemi di gioco e i membri della famiglia subiscono qualsiasi forma di abuso familiare nei 12 mesi precedenti (vittimizzazione (27-41%)), perpetrazione (23-33%); Dowling, Jackson, et al., 2014; Suomi et al., 2013). In questi studi, gli autori e le vittime più comuni di violenza familiare erano i genitori, i partner attuali e gli ex partner. Tuttavia, è importante visualizzare con attenzione i risultati degli studi che coinvolgono membri della famiglia diversi dai coniugi. Sono disponibili solo pochi studi sulle stime di prevalenza registrate con una variabilità significativa. Inoltre, molti studi non sono rappresentativi della popolazione generale, includono solo un piccolo numero di giocatori problematici, utilizzano categorie che possono incontrare più problemi oltre a questioni relative al gioco d'azzardo e utilizzano diverse definizioni di abuso. Sono necessarie ulteriori ricerche per ricordare alla famiglia l'associazione tra gioco d'azzardo problematico e criminalità.

5.3 Effetti sulla salute e sul benessere dei familiari

I partner intimi e i bambini sono influenzati negativamente dai problemi del gioco d'azzardo in vari modi (Dickson-Swift, James & Kippen, 2005; Hodgins, Shead, et al., 2007; Vitaro, Wanner, Brendgen & Tremblay, 2008). Ci sono problemi mentali comuni, disturbi fisici e problemi comportamentali.

Disturbi emotivi dei partner intimi Rabbia Risentimento Depressione Ansia Disturbi emotivi dei bambini Depressione Ansia Confusione Senso di colpa Problemi fisici dei partner intimi Sintomi Disturbi gastrointestinali Ipertensione Problemi fisici dei bambini Asma Allergie Sintomi cronici Disturbi psicologici dei partner intimi Assumendo più compiti, un membro può provare a tieni le cose sotto controllo. Ciò potrebbe causare burnout. I membri della famiglia spesso si concentrano sul problema del gioco d'azzardo e dimenticano di prendersi cura di se stessi o di divertirsi.

Trasmettere il gioco d'azzardo problematico da una generazione all'altra anche i figli dei genitori con problemi di gioco sono a rischio di sviluppare i propri problemi di gioco. I risultati di quattro studi indipendenti che indagano sulla trasmissione intergenerazionale e familiare dei problemi del gioco d'azzardo hanno rilevato che le persone con problemi di gioco d'azzardo che hanno un genitore o un fratello hanno una probabilità da due a dieci volte maggiore di avere problemi di gioco rispetto alle persone senza un genitore o fratello con problemi di gioco. Gli individui con padri con problemi di gioco avevano da 11 a 14 volte più probabilità di avere problemi con il gioco e le persone con madri con problemi con il gioco avevano da 7 a 11 volte più probabilità di avere problemi con il gioco.

Fattori di rischio

• Gioco d'azzardo in giovane età

• Droga genitoriale e problemi di salute mentale

• Uso personale di droghe

• Il gioco d'azzardo per ridurre le emozioni negative o aumentare le emozioni positive • Il gioco d'azzardo per socializzare

• Aspettarsi che il gioco d'azzardo porti a risultati positivi (ad es. Sensazione di controllo o guadagno finanziario). Fattori protettivi

• Essere donna

• Avere maggiori risorse sociali e reti

• Avere più fratelli

• Aspettarsi che il gioco d'azzardo porti a risultati negativi (ad es. Depressione o eccessivo coinvolgimento

Impatto finanziario sul giocatore

C'è un motivo per cui le persone considerano la dipendenza dal gioco d'azzardo problematico: può essere davvero difficile da fermare, vicino a una dipendenza chimica dalla nicotina o da un'altra droga in qualche modo. Questo perché quando i giocatori vincono, la dopamina, una sostanza chimica nel nostro cervello che ci fa sentire felici, sembra essere rilasciata. Questa reazione chimica nel cervello è uno dei fattori che contribuiscono ai sentimenti di dipendenza e possono essere coinvolti anche altri fattori correlati al cervello. Il dottor Franco Manes, un ricercatore neurologico, suggerisce che le menomazioni nella corteccia prefrontale del cervello possono rendere più difficile per un giocatore problematico considerare accuratamente le conseguenze future. Anche la gestione degli impulsi e il processo decisionale da parte dei dirigenti possono essere compromessi. Sia i fattori biologici che quelli neurologici possono tassare fortemente il problema del gioco d'azzardo di un individuo, causando grave stress, ansia o sentimenti di impotenza. Anche le ripercussioni finanziarie possono accumularsi, poiché il gioco d'azzardo problematico registra che queste persone perdono circa $ 21.000 all'anno, ovvero un terzo del reddito medio nazionale. A causa delle cause chimiche che creano dipendenza del gioco d'azzardo, può essere molto difficile per un giocatore problematico andarsene. Effetto finanziario sui membri della famiglia Un altro studio AGRC ha scoperto che le pressioni finanziarie, le relazioni interrotte, la mancanza di fiducia e altri effetti emotivamente sconvolgenti erano i tre effetti negativi più comuni del gioco d'azzardo estremo sulle famiglie. Il problema più comune è la perdita di denaro. Puoi perdere improvvisamente denaro, proprietà o effetti personali. Una simile crisi finanziaria fa sentire la famiglia spaventata, furiosa e tradita. Un accumulo di queste emozioni negative può causare la rottura delle relazioni. In realtà, il Problem Gambling si è concentrato sui giocatori problematici in uno studio sulla depressione e sui problemi relazionali, scoprendo che hanno sei volte più probabilità di divorziare, quattro volte più probabilità di avere problemi con l'alcol e quattro volte più probabilità di fumare regolarmente. Una ricerca del The Problem Gambling Treatment and Research Center ha mostrato che i bambini con problemi di gioco hanno dieci volte più probabilità di seguire le orme dei loro genitori una volta diventati adulti. L'AGRC sottolinea che queste condizioni possono lasciare i familiari e le persone care con effetti negativi sulla propria salute, in particolare se i loro tentativi di dissuadere o modificare il comportamento di gioco del problema falliscono. Tali casi possono beneficiare maggiormente dell'assistenza professionale in modo che tutte le parti siano considerate allo stesso modo e le opinioni di tutti siano rispettate e trattate con attenzione

Capitolo 6: Come può la famiglia salvare il giocatore problematico e controllare le finanze

Come aiutare la persona amata dal gioco d'azzardo Se hai un problema di gioco con la persona amata, probabilmente hai molti sentimenti che si scontrano. Potresti aver speso molto tempo e denaro cercando di evitare di tradire o di dover coprire la persona amata per loro. Allo stesso tempo, potresti essere di nuovo arrabbiato per la persona amata per aver giocato e stanco di cercare di mantenere la farsa. La persona amata potrebbe aver preso in prestito o rubato denaro senza alcun modo per ripagarlo. Potrebbero aver venduto proprietà di famiglia o lavorato su carte di credito congiunte con enormi debiti.

Sebbene i giocatori compulsivi e depressi abbiano bisogno del sostegno della loro famiglia e dei loro amici per aiutare, evitano il gioco d'azzardo nella loro lotta, la loro decisione di smettere deve essere la loro. Non puoi costringere qualcuno a smettere di giocare quanto vuoi e per quanto possa vedere i risultati. Tuttavia, dovresti dar loro il potere di cercare aiuto, assisterli nei loro sforzi, proteggersi e prendere sul serio qualsiasi discorso sul suicidio.

Prevenire il suicidio nei giocatori problematici se un giocatore problematico affronta le conseguenze delle sue azioni, può subire una diminuzione paralizzante dell'autostima. Questa è una delle ragioni per cui i giocatori compulsivi hanno un alto tasso di suicidi.

I giocatori problematici hanno molte più probabilità di tentare il suicidio, secondo un rapporto storico che ha suscitato le richieste del governo di fare di più per contrastare i rischi del gioco d'azzardo.

Studi condotti da Gamble Aware, un'importante organizzazione di gioco del Regno Unito, hanno scoperto che i giocatori problematici avevano sei volte più probabilità di avere pensieri suicidi o minacciavano di togliersi la vita - e potrebbero avere 15 volte più probabilità di farlo.

Anche quando si tiene conto di altri fattori che potrebbero essere correlati a pensieri suicidi come depressione, abuso di sostanze e problemi finanziari, il rischio elevato persisteva.

I ricercatori hanno scoperto che escludendo queste cause, i giocatori problematici erano ancora tre volte più propensi a prendere in considerazione o tentare il suicidio.

Quasi uno su cinque, ovvero il 19%, aveva considerato il suicidio nell'ultimo anno rispetto al 4,1% della popolazione generale, mentre il 4,7% aveva tentato il suicidio rispetto allo 0,6% nella popolazione più ampia.

La dottoressa Heather, assistente professore presso la London School of Hygiene and Tropical Medicine, coautrice del rapporto, ha affermato che i risultati dello studio porterebbero a un'azione più rapida per proteggere i tossicodipendenti, in particolare all'interno dell'industria.

"I danni del gioco d'azzardo sono significativi e possono essere dannosi per persone, famiglie e comunità; ha detto. Questi risultati mostrano come le persone che hanno problemi con il gioco d'azzardo siano un gruppo a più alto rischio di suicidio".

Le persone in prima linea nel far fronte a questo gruppo ad alto rischio sono l'industria, che ha bisogno di pensare a come preparare i lavoratori a incontri con persone potenzialmente suicide. Charles e Liz Ritchie, che hanno creato l'associazione di beneficenza Gambling with Lives dopo che il loro figlio Jack si è ucciso quando era dipendente dal gioco d'azzardo all'età di 24 anni, ha detto che lo studio ha mostrato la necessità di una maggiore azione del governo.

I Ritchies vogliono ritenere il governo legalmente responsabile per la morte del loro figlio, incolpando l'industria per la regolamentazione lassista.

Identificare e affrontare i pensieri suicidi Un membro della famiglia può avere pensieri suicidi se lui o lei:

• Cambiamenti nel comportamento, nell'aspetto o nell'umore

• Sembra depresso, triste o chiuso

• Dà via beni preziosi

• Parla di suicidio e dice che lui o lei ha un piano

• Fa un testamento o parla dei desideri finali. Se ciò accade, dovresti:

• Prendi sul serio tutte le minacce di suicidio

• Mantieni la calma e ascolta la cura. Non giudicare e non cercare di risolvere il problema

• Chiedere se la persona si sente suicida e ha un piano

• Rimuovere tutti i mezzi di autolesionismo (ad es. Armi, medicinali)

• Supportare la persona nella ricerca di assistenza professionale (ad es., Linea di crisi, psichiatra, medico, pronto soccorso o sacerdote)

• Tenere il medico al corrente di ciò che sta accadendo

• Non acconsentite a mantenere segreti i pensieri suicidi della persona

• Parla con qualcuno che è disposto a farlo.

6.1 Suggerimenti per F amily M embers

Inizia aiutando te stesso

Hai il diritto di assicurarti emotivamente e finanziariamente. Non incolpare te stesso per i problemi del giocatore o lasciare che la tua vita sia governata dalla sua dipendenza. Ignorare le tue esigenze potrebbe essere una formula di burnout.

Non farlo da solo. Può essere così difficile affrontare la dipendenza dal gioco di una persona cara che può sembrare più facile razionalizzare i suoi desideri "quest'ultima volta". Oppure potresti vergognarti, sentendoti come se fossi l'unico ad avere problemi come questo. Chiedere aiuto ti farà capire che questo dilemma è stato affrontato da molte famiglie.

Definire le linee guida per la gestione del denaro Considerare la presa in carico delle finanze familiari per garantire che il giocatore rimanga responsabile e per prevenire il ripetersi. Ciò non significa, tuttavia, che sei responsabile della gestione microscopica degli impulsi di gioco del giocatore problematico. Il tuo primo dovere è garantire che non ci siano rischi per le tue finanze e il tuo credito.

Ricorda come le richieste di denaro vengono trattate dai giocatori problematici che spesso diventano molto bravi a chiedere denaro, direttamente o indirettamente. Per ottenerlo, possono usare l'accattonaggio, la corruzione o persino minacce. Ci vuole pratica per assicurarsi di non incoraggiare la dipendenza dal gioco della persona amata.

Cose da fare e da non fare per i partner dei giocatori d'azzardo problematici Parla con il tuo partner se sei simpatico e non sei preoccupato o arrabbiato per il loro problema con il gioco d'azzardo e i suoi effetti.

Cerca sostegno per le famiglie di giocatori problematici come i gruppi di auto-aiuto e contatta le persone che hanno affrontato gli stessi ostacoli.

Spiega al tuo partner che stai cercando aiuto perché tu e la tua famiglia siete influenzati dal gioco d'azzardo.

Parla ai tuoi figli della questione del gioco d'azzardo dei tuoi genitori.

Gestisci le finanze familiari, monitora attentamente gli estratti conto bancari e delle carte di credito.

Incoraggia e supporta la persona amata durante la cura del suo problema di gioco d'azzardo, anche se può essere un lungo processo di battute d'arresto.

Non perdere la pazienza, predicare, insegnare o fare minacce e ultimatum che non puoi andare avanti.

Trascura la qualità positiva del tuo partner.

Impedisci che la vita familiare e gli eventi influenzino il tuo partner.

Aspettati che il recupero del tuo partner dal problema del gioco d'azzardo sia agevole o rapido. Anche se il loro gioco d'azzardo cessa, potrebbero esserci altri problemi di fondo.

Salvare il debito o consentire al tuo partner di giocare in qualsiasi modo.

Nascondi o nega il problema del tuo partner a te stesso o agli altri.

Razionalmente Avvicinandosi alla persona cara sul gioco d'azzardo fare es non presumere che i problemi di gioco d'azzardo sono un processo attraverso il quale l'individuo rischia di passare. Quando ritieni che il tuo coniuge abbia problemi con il gioco d'azzardo, è importante aiutarlo perché le implicazioni possono essere importanti. Questi possono comportare una rottura dei matrimoni, problemi finanziari, sanzioni penali, perdita del lavoro, violenza familiare e problemi di salute mentale. Se sei preoccupato e infastidito dal gioco d'azzardo del tuo partner, dovresti:

• Scegli un momento e un luogo convenienti per parlare.

• Assicurati di avere abbastanza tempo e di incontrarti in uno spazio privato lontano da distrazioni e interruzioni.

• È anche importante pianificare i problemi di gioco fornendo informazioni sul supporto.

• Dovresti parlare con la persona amata dei suoi problemi con il gioco d'azzardo in modo calmo e razionale.

• Per prima cosa, racconta a lui e alla tua amicizia con lui alcune cose positive.

• È importante discutere le abitudini che hai incontrato, invece di concentrarti sull'individuo come problema.

• Rimuovi i commenti che potrebbero suggerire che stai giudicando.

• Usa affermazioni in "io" invece di affermazioni "tu", ad es. "Sono preoccupato quando non so quando torni a casa o quanti soldi spenderai" invece di "Sei frustrato quando sei in ritardo e sprechi tutti i nostri soldi.

• Fare raccomandazioni invece di dire alla persona cosa fare, ad esempio, ' ti sentiresti a tuo agio nel vedere un consulente di gioco d'azzardo?

• Chiedere alla persona amata il suo punto di vista, convalidando così la sua esperienza e le sue emozioni, ad esempio, "Capisco che il gioco d'azzardo è importante per te".

• Dai alla persona abbastanza tempo per raccontare la sua storia, in quanto gli permetterà di aprirsi e di fidarsi di te.

Non dovresti:

Parla, fai domande o discuti con la persona sui suoi problemi con il gioco d'azzardo

• Cerca di controllare l'individuo minacciando, corrompendo, piangendo o assillando

• Usa la vergogna nel tentativo di costringere la persona a cambiare

• Attacca la persona verbalmente o fisicamente. Se ritieni che qualsiasi atteggiamento negativo nei confronti del gioco o del gioco d'azzardo della persona, in generale, ostacoli la tua capacità di aiutare la persona, dovresti suggerire che la persona parli con qualcun altro.

Preparati per l'intera gamma di risposte che potresti ricevere, dal rilassamento alla frustrazione, mentre parli con la persona amata. La persona amata può negare, minimizzare, razionalizzare o mentire sui suoi problemi con il gioco d'azzardo o incolpare gli altri. Tieni presente che potrebbe provare imbarazzo o vergogna e potrebbe non voler parlare. Stai usando l'empatia e la compassione per ridurre le possibilità che ciò accada. Se la persona non vuole parlare di problemi con il gioco d'azzardo, puoi parlarle dell'aiuto disponibile per il gioco e sei disposto a parlare quando lui o lei è pronto. Se la conversazione diventa improduttiva o aggressiva, la discussione dovrebbe essere interrotta e dovresti riprovare.

Incoraggiare l'assistenza medica È disponibile un'assistenza professionale efficace per le questioni legate al gioco d'azzardo. Tuttavia, non tutti hanno bisogno o vogliono assistenza professionale. Gli obiettivi del trattamento possono essere l'astensione dal gioco d'azzardo o la fissazione di limiti alle pratiche di gioco d'azzardo. Familiarizzare con i trattamenti efficaci disponibili per i problemi di gioco d'azzardo e incoraggiare la persona amata a cercare il tipo di aiuto più appropriato. Devi anche familiarizzare con le risorse locali disponibili per aiutare le persone con problemi di gioco d'azzardo, in modo da poterglielo dire quando parli con la persona amata. Questi servizi possono includere servizi di gioco d'azzardo professionale, risorse per l'auto-aiuto, gruppi di sostegno, meccanismi di autoesclusione e servizi culturalmente diversi.

Poiché i problemi finanziari possono essere una parte importante del gioco d'azzardo, dovresti essere a conoscenza degli strumenti che possono aiutare la persona amata a risolvere i problemi finanziari. La persona amata potrebbe anche aver bisogno di accedere ad altri tipi di problemi legati al gioco d'azzardo come assistenza medica, servizi legali, cure per la salute mentale, consulenza finanziaria, riabilitazione professionale o assistenza sociale. Sottolineando che:
• I problemi di gioco possono essere trattati con successo, puoi motivarlo a cercare un aiuto professionale per problemi di

gioco. Aiuto professionale, gruppi di supporto e approcci di auto-aiuto hanno aiutato molte persone con problemi di gioco.

• È una cosa sensata cercare aiuto per un problema, piuttosto che un segno di debolezza.

• Prima viene trattata la questione, più velocemente può essere risolta.

• Tutta l'assistenza medica deve essere riservata.

Incoraggiare il membro della famiglia a migliorare Non è tua responsabilità personale "risolvere" i problemi di gioco dell'individuo. Tuttavia, dovresti persuadere il membro della famiglia a migliorare. Non aspettarti che l'abitudine al gioco d'azzardo sia morale nei suoi confronti o che la cambi immediatamente. Consultare il membro della famiglia per decidere sulle abitudini appropriate, come parlare con un terapeuta, rimanere entro i limiti di spesa negoziati. Sii chiaro su cosa sei in grado di fare per sostenere il membro della famiglia e quali abitudini tollererai, sebbene tu possa modificare questi limiti nel tempo.

• Pensa alle tecniche che le società di gioco utilizzano per far continuare a giocare e massimizzare i profitti, per esempio. Le macchine da gioco sono progettate in modo da far continuare a giocare e a spendere soldi

• Evita di andare sui siti di gioco d'azzardo, anche se non intendono giocare d'azzardo, ad esempio, andare in un pub per mangiare dove è possibile giocare d'azzardo. Questi potrebbero includere:

• Cercare incoraggiamento da altri membri della famiglia, amici o altri per aiutarlo a ridurre il suo gioco d'azzardo

• Evitare di passare del tempo con persone associate alle abitudini di gioco

• Identificazione e utilizzo di modi per gestire gli impulsi di gioco

• Impostazione e rispetto di un budget

• Se il membro della famiglia gioca d'azzardo online, utilizza programmi software che bloccano o limitano l'accesso

• Riconoscimento

Se questo o altri approcci di auto-aiuto sono determinati dal membro della famiglia, offriti di sostenerlo. Nota e congratulati con lui per qualsiasi cambiamento positivo che la persona ha apportato. È importante concentrarsi sul futuro piuttosto che sugli errori del passato mentre l'individuo cerca di cambiare il suo gioco d'azzardo. La persona che ha interrotto o ridotto il gioco d'azzardo può notare un vuoto nella sua vita pieno di gioco d'azzardo, ad esempio una riduzione delle attività sociali.

In tal caso, puoi consigliare cose che puoi fare con la persona che non include il gioco d'azzardo (ad esempio, andare al cinema o al ristorante) e ristabilire i contatti con la famiglia e gli amici. Tale supporto sociale può anche alleviare cause che possono aggravare i problemi del gioco d'azzardo come ansia, frustrazione, stress, depressione o noia.

6.2 Prendersi cura delle proprie finanze

Il denaro potrebbe essere un argomento delicato per molte persone e quando c'è un problema con il gioco d'azzardo, può diventare ancora più sensibile. Se hai un problema con il gioco d'azzardo con qualcuno vicino a te, potresti dover proteggere le tue finanze. Questi suggerimenti aiuteranno le persone e le loro circostanze per partner, familiari e amici. A volte, quando si determina come gestire i problemi di denaro, è una buona idea parlare con un consulente finanziario.

Proteggere le vostre finanze I membri della famiglia devono affrontare pressioni finanziarie da parte di persone con problemi di gioco. Potrebbe essere necessario assumere il ruolo di curare le finanze della tua famiglia e gestire l'accesso al denaro per il tuo partner.

Insieme a un consulente finanziario, potresti prendere in considerazione:

Avere un budget familiare: cerca di renderlo realistico, soprattutto quando si tratta di ripagare i debiti in modo che l'individuo con un problema di gioco d'azzardo non senta la necessità di giocare di più

- Monitoraggio attento di tutte le spese familiari
- Gestire le finanze familiari fino a quando il gioco è sotto controllo
- Concordare quanto denaro o prestito deve pagare il coniuge.

• Pensa attentamente alle tue risorse prima di offrire assistenza finanziaria
• Pagare le bollette da solo piuttosto che prestare denaro alle bollette
• Non condividere i numeri PIN
• Tenere i vostri oggetti di valore e contanti fuori dalla vista
• Avvertire parenti, amici e colleghi di non prestare denaro alla persona
• Cambiare la tua volontà per assicurarti che la tua potenziale ricchezza non venga persa con il gioco d'azzardo.

Strategie per la gestione finanziaria e il controllo dei danni
Bloccare il tuo credito mentre "bloccare" un conto di mutuo credito può temporaneamente impedirti di accedere ai tuoi fondi, ti aiuterà a prevenire che la situazione peggiori di quanto non sia già.
Apri a tuo nome solo una nuova carta di credito e un nuovo conto bancario

Ci sono molte coppie sposate che gestiscono le proprie finanze in modo completamente separato. Rimuovendo il tuo nome dagli account compromessi e creando nuovi account che saranno aperti solo a te, impedirai ai tuoi cari di prosciugare i tuoi fondi assicurandoti allo stesso tempo che il tuo punteggio di credito sia al sicuro.

Proteggi o sposta i tuoi investimenti a lungo termine È più probabile che i tossicodipendenti si concentrino su attività a lungo termine - risparmi universitari, fondi pensione, risparmi per le vacanze - poiché non dovranno affrontare le conseguenze di questi atti fino a molto più in basso nel strada.

6.3 Parla con un consulente finanziario

In situazioni passate simili alla tua, i consulenti finanziari professionisti hanno senza dubbio lavorato con le persone. Potremmo avere consigli di esperti su altre azioni che puoi intraprendere.

Se sei una persona che ha un problema di gioco d'azzardo legato finanziariamente al membro della famiglia, è importante assicurarsi che non abbia accesso alle risorse che peggioreranno il suo problema. Molte di queste azioni potrebbero, in futuro, se necessario, essere "annullate" funzionalmente. Nel frattempo, la prevenzione dei danni deve essere una priorità assoluta.

Le misure di cui sopra aiuteranno a prevenire il peggioramento della situazione. Tuttavia, se il problema del gioco d'azzardo esiste da anni, è probabile che altre richieste debbano essere affrontate retroattivamente.

Ecco alcune cose che puoi fare per rimettere in ordine la tua situazione finanziaria: sistemare tutti i tuoi debiti e consolidare la ristrutturazione del debito, se possibile, contribuirà a rendere i tuoi debiti più gestibili.

Se riesci a rimborsare questo importo nel tempo, potresti finalmente essere in grado di abbassare i tassi di interesse mensili.

Stai rifinanziando debiti che non sono particolarmente urgenti. La prospettiva di rifinanziamento è certamente degna di considerazione ogni volta che ci si trova di fronte a una fonte imprevista di obblighi finanziari.

Aiutaci a ripristinare la tua reputazione con una carta di credito a tasso zero. Se hai un problema con il gioco d'azzardo, potrebbe essere necessario correggere il credito.

Anche se usi la carta solo per qualcosa di semplice come un pacchetto di gomme da masticare ogni mese, ti aiuterà a migliorare la tua solvibilità soddisfacendo regolarmente tali obblighi finanziari.

Verificare la presenza di altre fonti finanziarie Prestiti personali, assistenza governativa e fonti di reddito aggiuntive (entrare nel posto di lavoro o intraprendere un secondo lavoro) sono solo alcuni dei modi in cui puoi aumentare il flusso di cassa mensile della tua famiglia. In effetti, può aiutarti in diverse situazioni di rifinanziamento.

Molti istituti di credito e società di carte di credito vogliono che tu sia un cliente. Anche se l'attuale situazione finanziaria non è ottimale, fintanto che sei in grado di gestire i tuoi prestiti in modo responsabile, è probabile che alcune scelte siano sotto il tuo controllo.

Capitolo 7: Combattere la dipendenza dal gioco d'azzardo attraverso l'autogestione
Self-help per giocatori problematici

Il passo più significativo per superare la dipendenza dal gioco è renversi conto di avere un problema. Ammetterlo richiede una forza e un coraggio straordinari, soprattutto se hai perso molti soldi lungo la strada e relazioni tese o interrotte.

Non disperare e non cercare di farlo da solo. Molti altri erano nei tuoi panni, rompendo l'abitudine e ripristinando le loro vite. Puoi farlo anche tu.

Impara come alleviare i sentimenti spiacevoli in modo più sano Stai giocando quando sei solo o annoiato, dopo una giornata stressante al lavoro o dopo una discussione con il tuo coniuge? Il gioco d'azzardo può essere un mezzo per calmare, rilassare o socializzare emozioni spiacevoli.

T qui ci sono modi più sicuri e più efficaci per gestire i vostri stati d'animo e alleviare la noia, come la corsa, passare il tempo con gli amici non-gioco, assumendo nuove attività, o praticare tecniche di rilassamento.

Rafforzare la tua rete di supporto senza aiuto è difficile combattere una dipendenza, quindi contatta amici e familiari. Ci sono modi per fare nuove amicizie senza dipendere dalla visita ai casinò o dal gioco d'azzardo online se la tua rete di supporto è piccola. Cerca di entrare in contatto con i colleghi, unisciti a una squadra sportiva o a un club del libro, partecipa a un corso di istruzione o fai volontariato per una buona causa.

Ad esempio, entrare in un gruppo di supporto tra pari Gamblers Anonymous è un programma di recupero in 12 fasi basato su alcolisti anonimi. Una parte vitale del programma è trovare uno sponsor, un giocatore condannato che abbia l'esperienza che rimane libera dal gioco d'azzardo e che può fornirti una guida e un supporto inestimabili.

Depressione, stress, abuso di sostanze o ansia possono entrambi causare problemi di gioco e peggiorare con il gioco compulsivo. Anche se il gioco d'azzardo non fa più parte della tua vita, questi problemi rimarranno, quindi risolverli è necessario.

Per molti giocatori problematici, non è fermare il gioco d'azzardo, ma la sfida più grande è recuperarsi, impegnandosi per tutta la vita a stare lontano dal gioco. Internet ha reso il gioco d'azzardo molto più disponibile e quindi più difficile da riabilitare gli utenti al fine di evitare il ripetersi. I casinò digitali e i bookmaker sono disponibili per chiunque abbia uno smartphone o un computer con accesso tutto il giorno, tutti i giorni.

Se ti circondi di persone verso le quali devi rendere conto, eviti ambienti e siti web allettanti, cedi il controllo delle tue finanze (almeno all'inizio) e persegui attività alternative per sostituire il gioco d'azzardo nella tua vita, sostenendo il recupero dalla dipendenza dal gioco o dal problema il gioco d'azzardo è ancora possibile.

Fai scelte più sane. Un modo per fermare il gioco d'azzardo è rimuovere e sostituire le condizioni necessarie affinché il gioco abbia luogo nella tua vita con scelte più sane.

Le quattro condizioni necessarie per continuare a giocare sono una decisione.

Se hai un bisogno: smetti di fare quello che stai facendo e chiama qualcuno, pensa alle conseguenze delle tue azioni, dì a te stesso di smettere di pensare al gioco d'azzardo e trova subito qualcos'altro da fare.

Senza capitale, il gioco d'azzardo con denaro non può avvenire. Sbarazzati delle tue carte di credito, lascia che qualcun altro sia responsabile dei tuoi soldi, chiedi alla banca di effettuare pagamenti automatici per te, chiudi conti di scommesse online e tieni una quantità limitata di contanti con te.

Tempo: non puoi giocare online se non hai tempo. Devi prepararti per il tuo tempo libero.

Trova altri modi per riempire i momenti tranquilli della tua giornata se giochi d'azzardo sul tuo cellulare.

Il gioco d'azzardo è un gioco in cui non è possibile giocare senza un gioco o un'operazione per scommettere.

Disattiva le applicazioni di giochi a distanza sul tuo cellulare e computer e blocca i siti di giochi a distanza.

Il mantenimento del recupero dalla dipendenza dal gioco dipende molto dalla ricerca di comportamenti alternativi per sostituire il gioco d'azzardo.

Alcuni esempi includono:

Per impegnarsi in un'attività di divertimento, ottenere una scarica di una sportiva di adrenalina o di un competitivo compito, come la mountain bike, arrampicata su roccia, o go-kart Per essere più sociale, superare la timidezza o la solitudine con counseling psicologico, entra in un gruppo sociale, interagisci con la famiglia e gli amici, fai volontariato, trova nuovi amici per intorpidire sentimenti spiacevoli, non preoccuparti dei problemi.

La respirazione profonda, la meditazione e il massaggio risolvono qualsiasi problema di ansia.

Prevenire la depressione contattando un familiare fidato, incontrando un amico per un caffè o andando a una riunione di Giocatori Anonimi, la voglia di giocare potrebbe passare o diventare abbastanza debole da resistere mentre aspetti.

Visualizza cosa succede se soccombi alla tentazione di giocare. Parla di come ti sentirai dopo che tutti i tuoi soldi sono andati e hai deluso di nuovo te stesso e la tua famiglia.

Distraiti con un altro compito, come andare in palestra, guardare un film o fare un esercizio di sollievo dalla voglia di gioco.

Quando non puoi resistere alla tentazione del gioco d'azzardo, non essere troppo duro con te stesso o usalo come scusa per arrenderti.

È un processo difficile vincere una dipendenza dal gioco. Di tanto in tanto, scivolerai; l'importante è imparare dai propri errori e continuare a lavorare per il recupero.

Trattamento della dipendenza dal gioco queste strategie possono includere il trattamento del gioco d'azzardo compulsivo:

7.1 Terapia

Può essere utile per la terapia comportamentale o la terapia cognitivo comportamentale. La terapia comportamentale richiede un'esposizione regolare alle tue azioni non apprese e ti insegna strategie per ridurre la voglia di gioco.

La terapia cognitivo-comportamentale si concentra sul riconoscimento e il cambiamento di atteggiamenti buoni, ottimisti, disfunzionali, irragionevoli e negativi. Può anche essere utile per la terapia familiare.

Farmaci Gli antidepressivi e gli stabilizzatori dell'umore possono aiutare con problemi che spesso vanno di pari passo con il gioco d'azzardo compulsivo, come la depressione, il DOC o l'ADHD. Nel ridurre l'attività di gioco d'azzardo, alcuni antidepressivi possono essere efficaci. I farmaci chiamati antagonisti dei narcotici possono aiutare a combattere il gioco d'azzardo compulsivo, utile nel trattamento dell'abuso di sostanze.

7.2 Gruppi di autoaiuto

Molte persone trovano che parlare ad altri con un problema con il gioco d'azzardo possa essere una parte preziosa del trattamento. Chiedete consiglio su gruppi di auto-aiuto come Giocatori Anonimi e altro supporto dal vostro operatore sanitario.

I servizi di gioco d'azzardo compulsivo possono includere un programma ambulatoriale, un programma ospedaliero o un piano di trattamento residenziale, a seconda delle esigenze e delle risorse. Il tuo piano di trattamento per il gioco d'azzardo compulsivo può includere farmaci per abuso di sostanze, depressione, ansia o qualsiasi altra condizione di salute mentale. Prevenzione delle ricadute puoi tornare al gioco anche con il trattamento, in particolare se trascorri del tempo in ambienti di gioco con persone che giocano o giochi d'azzardo.

Dì subito al tuo professionista della salute mentale o al tuo mentore di evitare una ricaduta se temi di ricominciare a giocare d'azzardo.

Non è mai facile superare un problema di gioco d'azzardo e cercare un trattamento professionale non significa che sei in qualche modo carente o non puoi gestire i tuoi problemi. Ogni giocatore è speciale, quindi hai bisogno di un programma di recupero specificamente adattato alle tue esigenze e circostanze.

Informa il tuo medico o professionista della salute mentale sulle diverse opzioni di trattamento, tra cui cure ospedaliere o residenziali, e i programmi di riabilitazione sono rivolti a persone con una grave dipendenza dal gioco che non possono smettere di giocare senza assistenza 24 ore su 24.

Trattamento per le condizioni sottostanti che portano al gioco compulsivo, come l'abuso di droghe o problemi di salute mentale tra cui depressione, ansia, DOC o ADHD Ciò può includere cambiamenti nella terapia, nella medicina e nello stile di vita. Il gioco d'azzardo problematico a volte sarà un sintomo di disturbo bipolare, quindi prima di fare una diagnosi, il medico o il terapista potrebbe dover escluderlo.

La terapia cognitivo-comportamentale CBT per la dipendenza dal gioco si concentra sulla modifica delle abitudini e delle percezioni del gioco d'azzardo patologico, come razionalizzazioni e false credenze. Può anche insegnarti come combattere gli impulsi del gioco d'azzardo e risolvere problemi di salute, lavoro e relazioni causati dai problemi di gioco. La terapia ti darà gli strumenti per far fronte alla tua dipendenza per tutta la vita.

La terapia familiare e il matrimonio, la consulenza professionale e la consulenza sul credito ti aiuteranno a risolvere i problemi specifici generati dal tuo problema di gioco e a gettare le basi per sistemare le tue relazioni e le tue finanze.

Interventi per giocatori problematici e patologici:

Farmacoterapie Negli ultimi anni sono stati condotti studi clinici a dose flessibile da piccoli a moderati, randomizzati, a breve termine, controllati con placebo e, ad eccezione di una ricerca, per esaminare l'efficacia e la tollerabilità di diverse farmacoterapie nel trattamento di gioco d'azzardo patologico. Due inibitori selettivi della ricaptazione della serotonina (SSRI; fluvoxamina e paroxetina), un bloccante μ-oppioide (naltrexone) e uno stabilizzatore dell'umore (litio) hanno dimostrato di essere superiori al placebo nel trattamento di pazienti con gioco d'azzardo patologico a breve termine.

Di questi, la ricerca sugli SSRI e sul naltrexone ha escluso le persone con disturbi mentali / da uso di sostanze concomitanti significativi (esclusa la dipendenza da nicotina), e sono stati riscontrati progressi nella sintomatologia del gioco e nello stato clinico generale in assenza di cambiamenti significativi nelle misurazioni dell'umore e dell'ansia.

Uno studio sul litio ha incluso solo partecipanti allo spettro bipolare con gioco d'azzardo patologico, esclusi disturbi psicotici, e sono stati osservati progressi nel gioco d'azzardo, mania e indicatori di stato clinico generale. Uno studio controllato con placebo del farmaco antipsicotico atipico olanzapina nel trattamento dei giocatori d'azzardo patologici del video poker non ha riscontrato un aumento dell'efficacia rispetto al placebo.

7.3 Trattamento efficace dei problemi

Gioco d'azzardo con farmaci che riducono gli impulsi e aumentano le inibizioni. I ricercatori hanno trovato risultati positivi all'incontro annuale dell'American College of Neuropsychopharmacology (ACNP) nei giocatori d'azzardo trattati con farmaci spesso usati per la dipendenza da oppioidi. Gli individui con disturbo cronico del gioco d'azzardo continueranno la loro attività di gioco a dispetto delle conseguenze dannose proprie e delle loro famiglie.

Il dottor John Grant e il suo team dell'Università del Minnesota hanno utilizzato esercizi di misurazione della cognizione per valutare cosa motiva questa intensa attività di gioco d'azzardo. Hanno incluso uomini e donne in uno dei tre studi di medicina con una diagnosi primaria di gioco d'azzardo patologico. I siti di studio variavano da 70 partecipanti a 100 partecipanti in numero.

Gli scienziati hanno cercato di capire come i giocatori d'azzardo decidono di scommettere su due processi cerebrali: desiderio e inibizione.

Al fine di dividere le persone in gruppi che riflettono discrepanze nella loro fisiologia, Grant ha diviso i giocatori d'azzardo patologici in due sottotipi principali: i giocatori d'azzardo motivati dalla coazione (cioè, gli individui che segnalano il gioco d'azzardo quando la tentazione diventa troppo intensa da controllare) e quelli che non mostrano una regolazione normale di attività impulsive (cioè, individui che riferiscono di non essere in grado di regolare il comportamento). Nel primo sottotipo, i giocatori d'azzardo spinti dall'impulso hanno reagito bene al trattamento con farmaci che bloccano il sistema cerebrale oppioide (p. Es., Naltrexone) o alcuni recettori neurotrasmettitori del glutammato (p. Grant ha anche scoperto che la storia familiare gioca un ruolo significativo nel perfezionare ulteriormente questo gruppo.

Quelli con una storia familiare di dipendenza hanno reagito molto meglio al bloccante degli oppioidi, che ha dimostrato di ridurre la tentazione di usare droghe come l'alcol in altri studi.

Il secondo sottotipo, i giocatori d'azzardo che hanno difficoltà a inibire le proprie azioni e a rispondere ai minimi impulsi, rispondono bene ai farmaci che agiscono su un particolare enzima, la catecol-O-metil-transferasi (COMT), che svolge un ruolo importante nel lavoro della corteccia prefrontale. I ricercatori hanno scoperto che diminuire la funzione di COMT potrebbe aumentare la capacità di inibire la volontà di giocare.

"Possiamo avvicinarci alla biologia centrale del disturbo con cure individualizzate riconoscendo questi vari sottotipi", ha detto Jon Grant, MD, JD, MPH, Professore Associato di Psichiatria presso l'Università del Minnesota e membro di ACNP. "Se consideriamo il gioco d'azzardo patologico come una dipendenza e cerchiamo di comprendere la natura degli impulsi e delle inibizioni, possiamo affrontare il trattamento farmacologico in modo più efficace", ha osservato Grant che, sebbene questi risultati siano promettenti e la maggior parte delle persone sta rispondendo a questi farmaci, ci sono ancora alcuni che non funzionano bene.

7.4 Centro di trattamento delle dipendenze da gioco

La cura della dipendenza dal gioco non consiste solo nel sostituire il termine "gioco d'azzardo" con "dipendenza da alcol" o "droga" e cercare in Internet. Sebbene la dipendenza dal gioco sia una forma di disturbo del controllo degli impulsi e il concetto di dipendenza classica si applichi definitivamente, il dipendente dal gioco d'azzardo richiede consulenza e terapia specializzate per risolvere l'ossessione del gioco.

Non sarà sufficiente per un centro di cura o un ospedale specializzato solo in droghe e / o alcol. Allora, come trovi un centro di cura per la dipendenza dal gioco?

qui ci sono una serie di centri per il trattamento della dipendenza dal gioco negli Stati Uniti dedicati esclusivamente al trattamento del giocatore compulsivo. Ma sono difficili da trovare.

La buona notizia è che abbiamo cliniche e strutture per il trattamento della dipendenza che hanno anche quella che viene chiamata una linea di gioco d'azzardo o un programma di trattamento progettato esplicitamente per affrontare la dipendenza dal gioco.

Tipi di programmi di trattamento I servizi di trattamento residenziale offrono cure interdisciplinari 24 ore al giorno, sette giorni alla settimana, sia generali che avanzate. I clienti vivono presso la struttura e ricevono servizi da personale qualificato per fornire cure specialistiche per problemi di salute comportamentale e altri problemi correlati.

Queste strutture di trattamento residenziale possono essere in edifici indipendenti, non ospedalieri o in un'ala dell'ospedale. Inoltre, i servizi di trattamento residenziale possono includere case per il trattamento della violenza domestica, centri per il trattamento della dipendenza non ospedaliera, strutture di assistenza intermedia, centri psichiatrici e altre strutture non mediche.

I servizi di trattamento ospedaliero offrono cure di tipo residenziale ma di tipo ospedaliero. I servizi ospedalieri hanno come componente chiave la stretta collaborazione di altri fornitori di servizi ed entità, per quanto riguarda i programmi di assistenza sanitaria comportamentale, CARF, 2002.

Gli esercizi di riabilitazione regolari includono pazienti con servizi di trattamento in ospedale. Lo scopo dell'assistenza è fornire un'atmosfera di supporto che includa riabilitazione medica, supporto, trattamento della dipendenza o della malattia mentale e supervisione.

Il National Council on Problem Gambling offre una serie di servizi che forniscono assistenza per il gioco d'azzardo ospedaliera o residenziale. Le strutture identificate si sono offerte di essere incluse nel web, sebbene possano esserci anche altre strutture qualificanti non elencate.

Il NCPG non significa inclusione nella raccolta.

Aiuti dallo Stato, il NCPG ha anche collegamenti a una mappa stato per stato come punto di partenza per trovare aiuto o raccogliere conoscenze sulle questioni del gioco d'azzardo. In qualsiasi ricerca di un centro per il trattamento delle dipendenze da gioco d'azzardo o di un ospedale approvato e accreditato, dovrebbe essere utilizzato come punto di partenza.

Ad esempio, il California Council on Problem Gambling (CCPG) è un'organizzazione senza scopo di lucro fondata nel 1986 per sostenere i giocatori d'azzardo problematici e le loro famiglie promuovendo consapevolezza, istruzione, ricerca, prevenzione e trattamento del gioco problematico. È uno dei 35 affiliati locali del NCPG.

Il sito CCPG ha legami con affiliati non californiani, oltre a servizi all'interno dello stato, inclusa una directory di consulenti per problemi di gioco d'azzardo.

Fattori importanti per la valutazione del centro di trattamento Nel suo approccio al trattamento della dipendenza dal gioco d'azzardo, non tutte le strutture di trattamento sono uguali. Allo stesso modo, per ogni persona che cerca aiuto, nessuna forma di trattamento funziona. Per essere efficace, il trattamento della dipendenza dal gioco d'azzardo deve essere personalizzato su misura per soddisfare le esigenze del singolo cliente.

Aspetti da considerare compreso il contesto del trattamento (ricoverato, ambulatoriale, consulenza individuale o di gruppo, terapia, riunioni in 12 fasi, ecc.), Quanto dura il programma di trattamento, approccio terapeutico filosofico e le preoccupazioni specifiche del tossicodipendente e del suo o la sua famiglia.

Periodo di cura La durata dell'assistenza varia a seconda delle esigenze di ogni individuo. I clienti dovrebbero discutere le loro esigenze specifiche con il terapeuta. Alcuni saranno gestiti in tempi relativamente brevi, mentre altri potrebbero richiedere più tempo, come l'apprendimento di un nuovo comportamento o le capacità di coping per gestire i problemi della vita.

La linea di fondo è : non lasciare che nulla interferisca con la ricerca di un trattamento professionale per risolvere un problema di gioco o dipendenza dal gioco. È disponibile molto aiuto, se vuoi davvero superare la tua passione per il gioco. Ci vorrà duro lavoro e dedizione, e anni di cattiva condotta non saranno facili da annullare, ma è possibile farlo.

Conclusione

I problemi di gioco possono verificarsi da qualsiasi parte della vita a chiunque. Il tuo gioco d'azzardo va da una divertente e innocua immersione a una grave ossessione malsana.

Che tu stia scommettendo su calcio, gratta e vinci, roulette, poker o slot - in un casinò, in pista o online - un problema di gioco d'azzardo può mettere a dura prova le tue relazioni, interferire con il lavoro e causare una catastrofe finanziaria. Potresti persino fare cose che non avresti mai pensato di fare, come accumulare debiti enormi o persino rubare soldi per il gioco d'azzardo.

La dipendenza dal gioco è una condizione di controllo degli impulsi, nota anche come gioco d'azzardo patologico, gioco d'azzardo compulsivo o disturbo del gioco d'azzardo. Se sei un giocatore compulsivo, anche se ha conseguenze negative per te o per i tuoi cari, non puoi controllare la tentazione di giocare. Giocherai che tu sia positivo o negativo, e continuerai a giocare indipendentemente dalle conseguenze, anche se sai che le probabilità sono contro di te o che non puoi permetterti perdere.

Naturalmente, senza essere totalmente fuori controllo, puoi anche avere un problema con il gioco d'azzardo. Qualsiasi attività di gioco d'azzardo che sconvolge la tua vita è un problema di gioco. Hai un problema con il gioco d'azzardo se sei ossessionato dal gioco d'azzardo, sprecando sempre più tempo e denaro, inseguendo perdite o giocando d'azzardo nonostante le gravi conseguenze nella tua vita.

La dipendenza o il problema con il gioco d'azzardo è spesso associato ad altri disturbi del comportamento o dell'umore. Alcuni giocatori d'azzardo con problemi di abuso di sostanze, ADHD non gestito, stress, depressione, ansia o disturbo bipolare spesso soffrono. Dovrai anche affrontare queste e altre cause sottostanti per risolvere i tuoi problemi di gioco.

Sebbene interrompere il gioco d'azzardo possa sembrare impotente, ci sono molte cose che puoi fare per risolvere il problema, ripristinare le tue relazioni e le tue finanze e alla fine riprendere il controllo della tua vita.

Riferimenti

- American Psychiatric Association, Diagnostic and Statistical Manual of Mental Disorders, American Psychiatric Association, Washingt on, DC, USA, 4a edizione, 1994.

- GT Ladd e NM Petry, "Differenze di genere tra giocatori d'azzardo patologici in cerca di cure", Experimental and Clinical Psychopharmacology, vol. 10, no. 3, pp. 302–309, 2002. Visualizza su Publisher · Visualizza su Google Scholar · Visualizza su Scopus

- MN Potenza, MA Steinberg, SD McLaughlin, R. Wu, BJ Rounsaville e SS O'Malley, "Differenze di genere nelle caratteristiche dei giocatori problematici che utilizzano una linea di assistenza per il gioco d'azzardo", The American Journal of Psychiatry, vol. 158, n. 9, pp. 1500–1505, 2001. Visualizza su Publisher · Visualizza su Google Scholar · Visualizza su S copus

- HJ Shaffer, RA LaBrie, DA LaPlante e RC Kidman, The Iowa Department of Public Health Gambling Treatment Services: Four Years of Evidence, Harvard Medical School, Boston Mass, USA, 2002.

- C. Guerreschi, "Le Frontiere del Gioco D'Azzardo", Conferenza sul Gioco D'Azzardo Patologico, Kolpinghaus, 1998.

- G. Serpelloni, "Il Gioco d'Azzardo Patologico in Italia", The Italian Journal on Addiction, vol. 2, pp. 3– 4, 2012. Visualizza su Google Scholar

- C. Villella, G. Martinotti, M. di Nicola et al., "Dipendenze comportamentali negli adolescenti e nei giovani adulti: risultati di uno studio sulla prevalenza", Journal of Gambling Studies, vol. 27, n. 2, pp. 203–214, 2011. Visualizza su Publisher · Visualizza su Google Scholar · Visualizza su Scopus

- American Psychiatric Association, DSM-5: sito web per lo sviluppo, 2014, http://www.dsm5.org/Pages/Default.aspx . C. Reilly e N. Smith, "The Evolving Definition of Pathological Gambling in the DSM-5", National Center of Responsible Gaming, 2013.

- F. Angelucci, G. Martinotti, F. Gelfo et al., "Livelli sierici di BDNF potenziati in pazienti con gioco d'azzardo patologico grave", Addiction Biology, vol. 18, no. 4, pp. 749–751, 2013. Visualizza su Publisher · Visualizza su Google Scholar · Visualizza su Scopus

- MN Potenza, "Neurobiology of Gambling Behaviors", Current Opinion in Neurobiology, vol. 23, n. 4, p. 6607, 2013. Visualizza su Google Scholar
M. N. Potenza, "The neurobiology of pathological gambling", Seminars in clinical neuropsychiatry, vol. 6, n. 3, pp. 217–226, 2001. Visualizza su Google Scholar · Visualizza su Scopus

- SL McElroy, JI Hudson, KA Phillips, PE Keck e HG Pope, "Implicazioni cliniche e teoriche di un possibile legame tra disturbi ossessivo-compulsivi e del controllo degli impulsi" , Depression, vol. 1, pp. 121–13 2, 1993. Visualizza su Google Scholar

- C. Blanco, P. Moreyra, EV Nunes, J. Sáiz-Ruiz e A. Ibáñez, "Gioco d'azzardo patologico: dipendenza o costrizione?" Seminari in Neuropsichiatria Clinica, vol. 6, n. 3, pp. 167–176, 2001. Visualizza su Google Scholar · Vie w at Scopus

- N. El-Guebaly, T. Mudry, J. Zohar, H. Tavares e MN Potenza, "Caratteristiche compulsive nelle dipendenze comportamentali: il caso del gioco d'azzardo patologico", Addiction, vol. 107, n. 10, pp. 1726–1734, 2012. Visualizza in pubblicazione · Visualizza in Google Scholar

www.ingramcontent.com/pod-product-compliance
Lightning Source LLC
Chambersburg PA
CBHW061302120726
48001CB00001B/433